DBV

Für Maria und Ernst König

Max Rößler

HAUSREZEPTE FÜR DEN RUHESTAND

Besinnung und Bewältigung

DON BOSCO VERLAG MÜNCHEN

15. Auflage 1990 / ISBN 3-7698-0269-1
© by Don Bosco Verlag, München
Umschlag- und Textgrafik: Otto Baer, Augsburg
Satz und Druck: Druckerei Holzer, Weiler im Allgäu
Bindearbeiten: Oldenbourg, München

UNWICHTIGE GEBRAUCHSANWEISUNG

*Weise Lebensführung gelingt keinem durch Zufall.
Man muß, solange man lebt, lernen, wie man leben soll.*
                                                    Seneca

»Heiter ist dann das Alter« — so hat's der von Leidenschaften geschüttelte Hölderlin sich erträumt. Die nüchterne Erfahrung kann dazu nur sagen: »Haste gedacht!« Heiter war das Alter denn auch nicht beim ergrauenden Hölderlin. Und heiter ist's auch nicht bei den meisten Zeitgenossen. Doch was nach Verzicht und Verlust, nach Abseits und Langeweile schmeckt, läßt sich durch einiges Gewürz schon ein wenig schmackhafter und bekömmlicher machen.

Und eben so ist dieses Bändchen gemeint: Wie in Großmutters Gewürzschränkchen Salz und Pfeffer, Zimt und Vanille, Dill und Majoran, Kümmel und Anis und mancherlei anderes in vielen kleinen Schubfächern bereit lagen und als Prise je nach Bedarf und Gelüst entnommen werden konnten, so wollen auch die nachfolgenden Kurzkapitel sich bereithalten. Was dem einen heute nicht nützt, könnte ihm doch morgen brauchbar dünken, und vielleicht ließe sich im Weitergeben sogar einem anderen damit richtig helfen.

WANN BEGINNT DER ABEND?

*Um über das Alter zu schreiben, genügte
es für Michel de Montaigne, daß er einen
Zahn verlor; er schrieb: So löse ich mich
auf und komme mir abhanden.*

Max Frisch

»Sie waren mehrere Jahre in einem Altenheim tätig. Was war dabei Ihre wichtigste Erfahrung?« fragte der Reporter.

Antwort: »Daß kaum jemand auf das Alter vorbereitet war. Alter ist lernbar, aber sie hatten es nie gelernt.«

— »Wie geschieht das?«

»Man muß sich auf das Alter rechtzeitig einstellen. Man muß mit dieser Möglichkeit, mit dieser unentrinnbaren Notwendigkeit rechnen. Sonst gerät man plötzlich in ein Vakuum, in eine Situation der Leere, die einen erbarmungslos enttäuscht, erbittert, wenn nicht verbittert.«

— »Sie sagen: rechtzeitig. Nun, wann soll man denn damit beginnen? Wann fängt das Alter an?«

»Wann beginnt der Abend? Man kann nicht sagen: um sechs. Man kann nicht sagen: um neun Uhr. Das ist sehr verschieden. Doch wenn der Mittag — die Mitte des Lebens — überschritten ist, muß man sich darauf einstellen, daß der Nachmittag allmählich in den Abend übergeht.«

— »Man muß also rechtzeitig tauglich sein für das Alter?«
»Richtig. Das Alter hat seine Geschenke und hat seine Gefahren. Beiden muß man begegnen mit den Tugenden des Alters. Tugend, das Wort ist uns nicht mehr geläufig. Kein Zufall! »Tugend« hängt mit »taugen« zusammen. Und die Tugenden des Alters sind eben jene, die das Alter nicht nur erträglich machen, sondern auch ergiebig, lebenswert und erlebenswert.«

— »Hm, ist das nicht doch etwas wie »Romantik des Alters«?«

»Romantik ist Sehnsucht: wie's sein soll. Realistik ist Nüchternheit: wie's tatsächlich ist. Beides zusammen ergibt das Wahre. Dann wird das Wirkliche nicht verfälscht und das Mögliche nicht verfehlt.«

— »Und wo bleibt das Glück?«

»Lassen Sie mich antworten mit der Weisheit eines alten Mannes, der mit den Geschenken und mit den Gefahren des Alters richtig umzugehen wußte: »Vielleicht kann man glücklich sein, wenn man glücklich sein will, und ich habe einmal gelesen, man könne das Glück auch lernen« (Theodor Fontane).«

DIE LAMPE DES ALTERS

Der Abend des Lebens bringt seine Lampe mit.

Joseph Joubert

Mit sinkender Sonne wachsen die Schatten.

Wenn der Lebensmittag allmählich in den Lebensnachmittag übergegangen ist, und wenn dann der Spätnachmittag in den Abend dämmert, kriecht das Dunkel aus seinem Versteck... Die Finsternis meldet sich an. Wer aber von der »Macht der Finsternis« spricht, meint nach biblischem Bescheid eine dämonische Bedrohung.

Doch wir sind nicht ohne Licht gelassen am Abend unseres Lebens. Zwar wird es dunkel und oft auch kalt. Doch ein neues Leuchten erhellt unsere Stunde und unsere Stube: die Lampe des Abends, die Lampe des Alters.

Ihr Schein ist anders als das strahlende Geschmetter der Mittagssonne; anders auch als die lodernde Flammenpracht des Abendrotes. Freundlich, mild, sanft, wohltuend leuchtet ihr warm schimmerndes Licht.

Aber es braucht unser Öl. Die Sonne hat nie nach unserem Beitrag gefragt. Sie hat uns kaskadenhaft überschüttet mit ihren Lichtmassen, oft mit solcher Gewalt, daß wir uns vor ihr schützen mußten.

Die Lampe des Alters fordert nie unsere Abwehr, im Gegenteil: unseren Beitrag, unsere Mitwirkung!

Wer Licht im Alter haben will, muß es entzünden und muß es nähren. Wer die Freuden des Alters, die Geschenke des Alters, die Gnaden des Alters erfahren will, muß dazu bereit sein, mehr noch: muß das Seine dazu leisten, muß mitwirken.

Zwar will auch die Lebensphase der Jugend richtig wahrgenommen und gut genützt sein. Während sie aber im Schwung und Überschwang der Morgenfrische und Mittagskraft meist ohne Mühe und ohne viel Programm gemeistert wird, bedarf das Alter, um lebenswert zu bleiben, einer Gebrauchsanweisung und einer unermüdlichen Geduld.

Mit sinkender Sonne wachsen die Schatten.

Mit wachsenden Schatten aber verstärkt sich die Leuchtkraft der abendlichen Lampe.

DAS INTERVIEW

*Der Himmel und unsere Wunde sind offen und
beide sind eins. Und das ist kein Wortspiel.*

Jean Paul

Was sollte sie ihm antworten, die alternde, etwas scheue Schriftstellerin, als der Journalist sie neugierig nach ihrem Lebensstil fragte.

Nein, sie züchte keine Kakteen. Sie sammle keine Briefmarken. Sie pflege keine Zimmerlinde. Sie wisse auch nicht genau, warum sie überhaupt noch schreibe. Sie hätte auch keine runde Antwort auf die Frage nach dem Sinn des Lebens. Wenn sie dazu irgendwie etwas sagen könne, dann sei es nur dies: »Immer noch offen!«

So Marie-Luise Kaschnitz (1901—1975) in einem nachdenklich stimmenden Gedicht.

Immer noch offen. Noch hat sich die Blüte nicht vor der andrängenden Finsternis geschlossen. Noch ist sie offen für Abendsonne und Abendwind. Für den späten Besuch des kleinen Marienkäfers.

Immer noch offen. Noch hat sich das Gemüt nicht abgekapselt hinein in die harten, trockenen Schalen der Gleichgültigkeit. Noch ist es offen für Begegnung und Gespräch, für Verständnis und Vertrauen, für alles Wahre, Schöne, Gute.

Immer noch offen. Wo das für ein Menschenherz gilt, dort rauscht des Daseins Fülle nicht vorüber, ohne ihre Geschenke zu hinterlassen. Dort wird noch dankbar angenommen das Entzücken an einem Zitronenfalter, an der Vollkommenheit eines Mozart-Streichquartetts, an den wogenden Flammenmeeren der sinkenden Sonne, an der Köstlichkeit eines edlen Weines, an dem zitternden Glück einer späten Freundschaft, an der Stille einer Sternennacht, an der seligen Erinnerung ferner Kindheitstage, am unvergleichlichen Trost der biblischen Weisheit ... Und jede Gabe weist hin auf den Geber!

Immer noch offen. Das kann freilich auch gelten für Wunden, die nicht vernarben können. Solange wir sie spüren, zählen wir zu den Lebenden. Und Jean Pauls geheimnistiefer Satz nennt sogar Himmel und Wunde im selben Atemzug!

Du prüfst mein Wort — und fragst, warum es wund sei.
Mein Lächeln fragt zurück: Ist es denn wund?
Du nickst. Ich sage: wie der Herbst so bunt sei,
und grundlos heißt doch, ohne Grund.

Oskar Loerke

ENTWEDER — ODER

In späten Jahren möchte man alle Antipathien widerrufen — von den Urteilen zu schweigen, die unversehens und fast ausnahmslos in die Schwebe geraten. Es stimmt nicht eins.

Reinhold Schneider

Der alternde Mensch muß sich entscheiden: entweder Alters-Starrheit oder Alters-Güte. Ja, das ist das eigentliche Entweder-Oder.

Ob gesund oder krank, ob schöpferisch schaffend oder ruhig duldend, ob tatkräftig oder tatmüde, ob gedankenstark oder gedankenschwach — nichts ist uns dermaßen in die eigene Hand gegeben wie der Entscheid zwischen dem Nein der Ablehnung und dem Ja der Güte.

Wenn »vieles verstehen« auch heißen kann »vieles verzeihen«, dann ist die vergebende, versöhnliche Güte das eigentliche Zeichen der Reife. Solche Güte mag dem einen angeboren und deshalb selbstverständlich sein; solche Güte mag dem anderen eine strenge Selbstkontrolle und harte Selbstüberwindung abverlangen — in jedem Fall ist sie die notwendige Voraussetzung jener heiteren Harmonie, die dem Alter den klaren Frieden eines hell und warm durchsonnten Herbsttages gibt.

Erst wo Hader und Zwietracht sich in Versöhnung gelöst haben, bereitet sich eine Friedfertigkeit vor, die im Abschied »das Zeitliche segnen« läßt.

Welch schönes Wort und noch schöneres Tun: Das Zeitliche segnen. Es also nicht verachten, nicht verfluchen, nicht verdammen, was man da verläßt, sondern, auf der Schwelle zum Jenseits sich umwendend, es dankbar segnen, um sich dann unbelastet dem anderen Lichte zuzuwenden, dessen Sonne keinen Untergang kennen wird.

*Ich kenne kein gewisseres Zeichen
der Reife als die Güte.*
                                            Leo Tolstoi

DIE GLASSCHEIBE

*Allmählich gleitet eine schalldämpfende Glasscheibe
zwischen mich und die Welt.*

Tibor Déry

Mit 78 Jahren hat der ungarische Schriftsteller dies von sich bekannt und damit jene Distanz gekennzeichnet, die sich dem Alternden aufdrängt oder ihm — hinzugegeben wird. Denn beides ist möglich: sie kann als bitterer und verbitternder Verzicht erfahren werden oder als bereicherndes Geschenk.

Auch wem Ohr und Aug und Fuß nicht mehr ungeschwächt dienstbar sind, muß die Glasscheibe, die sich zwischen ihm und seine Umwelt schiebt, nicht aus Milchglas sein. Noch läßt sie den Ausblick zu, macht uns nicht blind, kapselt uns nicht ein. Doch weil sie den unmittelbaren Kontakt unterbricht, schirmt sie uns ab vom andrängenden Lärm und vom zustoßenden Griff der anspruchsvollen Gegenwart.

Sie ermöglicht uns eine windstille Stätte der Besinnung, eine unzerfetzte Stunde leiser Erlebnisse..., ja gerade durch die Glasscheibe wird der Blick in die Gegenwart nur um so inständiger erfahren und um so dankbarer dem Augenblick zugeflüstert: »Verweile doch, du bist so schön! Verweile noch!«

ZWEI AUFFASSUNGEN

Warum sollte ich nicht altern?
Ich habe es mir durch meine Jahre verdient.

Sigismund von Radecki

Von zwei Schriftstellern soll die Rede sein, von zwei grundgescheiten Männern. Beiden hat das Leben Süßes und Bitteres gebracht. »Doch des Saueren war mehr« — auch dieser Einsicht des alten Dessauer würden beide zustimmen.

Doch der eine — Jean Amery — schrieb, kaum hatte er die Schwelle des Alters überschritten, ein Buch mit dem Titel »Der Skandal des Alters«, diktiert von Grauen, Entsetzen, Ekel. Der andere — Sigismund von Radecki —, auch er bereits der Alters-Erfahrungen teilhaftig, bekannte hingegen: »Bräuchte ich nur in den Jungbrunnen zu steigen, um wieder zwanzig zu werden, ich täte es nicht.«

Der Unterschied begründet sich wohl nicht darin, daß der zu bewältigende Lebensstoff dermaßen verschieden war, sondern daß der eine zur Dämmerzeit im wachsenden Dunkel die vernichtende Finsternis, der andere im kühleren Wind den nahenden Morgen zu erkennen glaubt.

Jean Amery hatte in der Zerreißprobe des Konzentrationslagers erfahren müssen, daß der Nur-Intellektuelle diesem Schicksal nicht gewachsen war. Nur der

Gläubige konnte bestehen. »Der Geist, wenn er sich nicht am religiösen oder politischen Glauben aufrichtete, half nichts... So unerschütterlich, ruhig, stark wie sie (die Gläubigen) hätte ich sein wollen. Aber zu keiner Stunde konnte ich in mir die Möglichkeit des Glaubens entdecken.« Eine solche Welterfahrung führt begreiflicherweise dann dazu, dem demütigenden, beschämenden, ruinierenden Verfall im Alter, dem »Skandal des Alters«, nur mit Protest begegnen zu können.

Anders der im Glauben beheimatete Sigismund von Radecki. Er begehrt nicht eine neue Jugend, er sagt Ja zu seinem Alter, es sei auch wie es sei — »weil ich zuviel Ehrfurcht vor meinem Schicksal habe«. Wo Jean Amery nur überhand-nehmende Mächte der Zerstörung am Werke sieht, vertraut Sigismund von Radecki der ihm zugewiesenen Rolle, dem ihm zugeschickten Schicksal. Zugewiesen, zugemutet, zugetraut von einem, der das Spiel erdacht, der die Regie übernommen hat und der die Kräfte und die Grenzen seiner Akteure kennt.

Wie einer das Alter, wie einer *sein* Alter bewertet — es wird sich daran entscheiden, ob er glauben kann, daß der Tod »nicht bloß Abschied, sondern auch Ankunft ist« (Sigismund von Radecki).

Liebe dein Schicksal. Es ist der Gang Gottes mit deiner Seele.

Curt Goetz

Anhaltspunkte

*Man ist in den besten Jahren,
wenn man die guten hinter sich hat.*
André Maurois

☆

*Lang leben will halt alles,
aber alt werden will kein Mensch.*
Johannes Nestroy

☆

*Ja, ich sehe wohl ein, daß man ein ganzes Leben
studieren kann und am Ende doch noch ausrufen möchte:
Jetzt sehe ich, jetzt genieße ich erst!* Goethe

☆

*Das Alter hat viel Häßliches und Dummes, aber das
eine Kluge hat es, daß es einsieht: nichts ist von
besonderer Wichtigkeit, und man kann es so machen,
aber auch so.* Theodor Fontane

☆

*Ist nicht das Alter schön? Ist es nicht der Stunde ähnlich,
wo der Glutball in Gold und Purpur und violett zersprüht und nicht mehr sengt? Wenn die Begierden, die
uns durch das Leben gehetzt haben, sich wie müde Jagdhunde zum Schlafe legen und nun die große Stille der
Seele kommt, wo die Erinnerungen sich zum Bildwerk
an den Wänden ordnen, feingestimmt und ohne aufdringliche Farben?* Isolde Kurz

☆

*Je älter ich werde, desto mehr vertraue ich dem Gesetz,
wonach Rose und Lilie blüht.* Goethe

ABER DIE ANDERN!

*Wahrhaftig mich wundert's, daß sie unsereinen mit
»Guten Abend« grüßen und nicht mit »Guten
Lebensabend«, damit man ja wisse, wo man hält.*

Alfred Polgar

Der bayerische Prinzregent, rüstig und robust bis ins hohe Alter, war ein leidenschaftlicher Jäger. Als er wieder mal mit dem königlich bayerischen Oberförster im Spessart auf Wildsau-Pirsch war, wandte er sich voll Wohlbehagen an seinen Begleiter: »Man merkt's wahrhaftig nicht, daß man schon so alt ist!«

Meinte drauf der wackere Waldmann: »Selber merkt man's nicht, Königliche Hoheit. Aber die andern! Die andern!« —

Sich selber sieht man nämlich nie so, wie die andern einen sehen. Beweis: Die photographischen Schnappschüsse!

Da hat uns also jemand, von uns unbemerkt, geknipst.

Sind wir mit dem Ergebnis zufrieden? Kaum. Denn so grimmig oder so langweilig oder so geistlos — nein, so sehen wir doch wirklich nicht aus!

Warum aber sollte die Kamera uns ungünstiger wiedergeben, als wir uns gegeben haben? Warum sollte das Objektiv nicht objektiv sein? Sind nicht hingegen wir subjektiv? Wenn wir in den Spiegel schauen (und von daher kennen wir ja unser Aussehen!), dann setzen wir unser Spiegelgesicht auf. Unbewußt und unwillkürlich richten wir dann unsere Gesichtszüge so ein, daß sie nicht entgleist aussehen. Nett schaun wir drein, freundlich und brüderlich, beziehungsweise schwesterlich.

Die andern aber sehn uns nicht mit unserem Spiegelgesicht, sondern so wie wir grad dreinschauen und wie wir's eben nicht wahrhaben wollen.

Niemand täuschen wir leichter als uns selber. Ja, ein Menschenkenner wie Wilhelm Busch meinte auf die Frage, was das Schwerste im Leben sei: »Sich auf die eigenen Schliche zu kommen!«

Testfrage: Wie ist uns zumute, wenn ein junger Mensch in der Straßenbahn vor uns und für uns aufsteht? Ärgern wir uns, wenn er's tut? Sind wir ehrlich genug — wenigstens vor uns selber — zuzugeben: Es ist uns nicht recht, wenn er's tut. Und tut er's nicht, dann ist es uns auch nicht recht.

Es ist eben nicht ganz leicht, mit Würde das Alter zu bestehen. Älter werden ist schon recht. Aber alt sein?

Brummte einer mißbilligend: »Daß mich meine Kinder zum Opa gemacht haben, laß ich ja noch hingehen. Aber daß ich mit einer Oma verheiratet sein soll — das ist zuviel verlangt!«

MANCHERLEI EINSAMKEIT

*Wer sich der Einsamkeit ergibt,
Ach, der ist bald allein.*
                                    Goethe

Es gibt sie, die still besonnte Einsamkeit. Sie ist beglückend, ist kostbar. Wohl dem, der sie erkennt und sich ihrer dankbar zu erfreuen weiß. Was in jungen Jahren schmerzlich empfunden wurde, wird — nachdem man gelernt hat, mit sich selber auszukommen — ein willkommenes Geschenk des Alters.

Und es gibt die resignierende Einsamkeit. Tapfer die Tränen hinter einem wehmütigen Lächeln verbergend, hat man sich vom Trubel und Wirbel der Wichtigkeiten, vom Jahrmarkt der Eitelkeiten zurückgezogen: »Laß, o Welt, o laß mich sein!«

Doch es gibt auch die stöhnende, die bittere Einsamkeit. Eine Öde ohne Blüte und Lied. Sie ist traurig, ja trostlos. Und läßt ein Herz frieren, dem gesagt worden war, es sei nicht gut für den Menschen allein zu sein. Unversehens wird dann die Klage zur Anklage.

Angeklagt werden dabei die andern — Gott und die Welt. Nur Verständnislosigkeit vermag solche Not leichthin abzutun als Wehleidigkeit und Selbstbezogenheit.

Da aber ein Mensch, der in die späten Jahre gekommen ist, doch auch über ein wenig Einsicht verfügen sollte, müßte er reif genug sein, auch nach der eigenen Schuld zu fragen. Sind es denn nur und immer die andern, die versagt haben? Wer hat da wen verlassen und warum?

Ob man nicht doch selber zu rasch die Kontakte gelöst hat? Ob man nicht zu früh darauf verzichtet hat, eine Geste der Versöhnung zu wagen? Ob man nicht doch zu wenig ernsthaft daran gedacht hat, Frieden zu stiften, dem anderen entgegenzugehen und — wo man außerstande war zu vergessen — doch willens, zu vergeben. Denn wenn Vergessen nicht unserem Willen anheimgegeben ist, das Vergeben auf jeden Fall.

Ein Riß, der nicht gleich verkittet worden ist, weitet sich von selber. Einen Pfad, der nicht mehr begangen wird, überwuchert das Unkraut.

Ob die dargestreckte Hand ergriffen wird, ist nicht meine Sache. Daß ich sie ausstrecke — das ist mir aufgegeben.

»Sehe jeder, wie er's treibe. / Sehe jeder, wo er bleibe« (Goethe).

DER ENTSCHEIDENDE TEST

Weit gemacht hast du mein Herz.
          Psalm 118, 32

Ältere Menschen lassen sich in zwei Gruppen unterscheiden: den einen hat das Alter das Herz verengt, den andern ist das Herz im Alter weiter geworden.

Engherzig ist, wer je älter desto kleinlicher, wehleidiger, ich-süchtiger, bitterer geworden ist. Er versteht nur noch Menschen, die so denken und fühlen und leben wie er selbst. Anders-denkende, Anders-fühlende, Anders-lebende werden abgelehnt, abgewertet, abgeurteilt.

Eng geworden ist ein Herz, das nichts mehr aufnehmen kann, was vom Altgewohnten abweicht. Da aber mit voranschreitender Zeit das Altgewohnte immer älter und, weil die Zeiten sich ändern, immer altmodischer, weil Verwelkendes immer welker, immer spärlicher wird — darum wird immer dünner und dürrer, was sie gelten lassen und woran sie sich freuen können.

Weitherzig hingegen ist, wer dem Heute sich öffnen und dem Morgen entgegengehen kann. Ihm wird zum Schatz des Vergangenen das Neue und Künftige hinzugegeben.

Weit ist ein Herz, das von sich absehen und sich dem Leid und der Freude des andern öffnen kann. Wer teilnimmt, ist einbezogen in das Leben anderer, lebt deren Leben mit und vervielfacht so sein eigenes. Weil er gibt, wird ihm gegeben. Weil er Verstehen schenkt, gewinnt er Vertrauen.

Und so gibt es einen untrüglichen Test dafür, ob wir im Alter engherzig oder weitherzig geworden sind: Prüfen wir uns, ob wir mehr oder weniger Vertrauen erhalten als früher.

Was aber ist es, was ein Herz weitet? Die Achtung vor der Freiheit, die Ehrfurcht vor der Würde des andern. Die Bereitschaft, den andern in seinem Anders-sein zu bejahen und zu verstehen... Vor allem aber: das Leid.

Nichts öffnet ein Herz so wie die Lanze des Leids. Ein verwundetes Herz ist feinfühlig, ist des Mit-leids fähig. Denn es ist offen.

Wo Leben in Glauben
und Lieben geschieht,
erblüht noch das Wunder:
das Leid wird zum Lied.

M. R.

WENN MAN ÄLTER WIRD...

Innere Lebendigkeit, Interesse für andere
Menschen und Lebensfreude sind besonders
wichtig, wenn man älter wird.

Rose Fitzgerald Kennedy

Sie hätte wohl genug Anlaß gehabt, das Wort »Lebensfreude« im Wörterbuch ihres Lebens zu streichen: Ihr ältester Sohn fiel im Krieg, ebenso ein Schwiegersohn. Der nächst-älteste Sohn, John, wurde als Präsident der USA ermordet. Ermordet wurde auch ihr Sohn Robert. Eine Tochter kam bei einem Flugzeug-Unglück ums Leben. Eine andere Tochter ist seit mehr als dreißig Jahren geistig behindert, ein Pflegefall. Ein anderer Sohn war in peinliche Affären verwickelt, wobei seine Begleiterin unter merkwürdigen Umständen ertrank. Dessen Gattin, ihre Schwiegertochter, verfiel zeitweise dem Alkohol. Deren Sohn, ihr Enkel, wurde beinamputiert...

Dennoch empfiehlt Rose F. Kennedy mit 83 Jahren: Innere Lebendigkeit, Interessiertheit, Lebensfreude.

Innere Lebendigkeit: Läßt die äußere Vitalität nach, muß deshalb die innere Spannkraft nicht auch ermatten. Im Gegenteil: Um so intensiver kann nun das innere Leben werden, vertieft durch die Fülle der Erfahrung und vor allem durch das Bewußtsein, daß jeder weitere Tag ein Geschenk ist.

Interessiertheit: Wer sich selbst vom Leben seiner Zeit ausklammert, darf sich nicht wundern, wenn er übersehen wird. So lange wir die Luft dieser Gegenwart atmen, ist das unsere Stunde. Und jeder Tag — mit seinen Geschenken und seinen Gefahren — jeder Tag ist für uns eine Aufgabe.

Lebensfreude: Noch immer geht täglich die Sonne auf. Auch wenn Wolken sie verdecken, auch wenn Stürme sie verhüllen. Noch immer schlägt dieses lebendige Herz und pumpt Blut durch unsere Adern. Auch wenn der Körper des Alters Beschwerden spürt, noch schlägt in ihm ein Herz, das *glauben* und *hoffen* und *lieben* kann.

Rose F. Kennedy zögert denn auch keineswegs, zu betonen, daß ihr christlicher Glaube es ist, was sie schreiben läßt: »Der Vogel singt, wenn der Sturm sich gelegt hat. Warum soll sich der Mensch nicht ebenso an jedem Sonnenstrahl freuen, der ihm geblieben ist? Wären die Menschen doch dankbarer für das, was ihnen geblieben ist, anstatt darüber zu klagen, was sie nicht haben.«

> *Wer den Weg der Reife*
> *einmal betreten hat,*
> *der kann nicht mehr verlieren,*
> *nur gewinnen.*
>
> Hermann Hesse

LEBENDIGES LEBEN

Es genügt nicht, unserem Leben mehr Jahre zu geben.
Wir müssen den Jahren mehr Leben geben.

Kardinal Joseph Höffner

Unsere Sprache ist ungemein feinfühlig: Spricht sie von kurzer Weile, dann wird auch das Wort kurz und knapp: Kurzweil. Spricht sie von langer Weile, dann fügt sie zwei dehnende, gähnende, schleppende »e« hinzu: Langeweile.

Langeweile — das heißt: Die Zeit wird ausgeweitet. So entstehen dann Leer- und Hohl-räume. Und darum ist Langeweile trist und trübselig, schwermütig und schwer-erträglich.

Nur erfüllte Zeit ist wirklicher Gewinn, ist echter Zuwachs an Wert.

Wie nun die Jahre des Alters mit Leben zu füllen sind, das macht die eigentliche Kunst dieser Jahre aus. Verständlich, daß jetzt, wo die Zukunft nicht mehr vor einem liegt wie vor dem jungen Menschen, man sich zurückwendet zu den Erlebnissen und Ereignissen der Vergangenheit. Erinnerung ist ein freundliches Licht im Alter.

Doch Leben heißt: Gegenwart! Dieses Jahr! Dieser Tag! Diese Stunde! Sie gilt es zu füllen, zu erfüllen. Darum mit wachen Sinnen aufgeschlossen sein für das Gegenwärtige! Hineinhören in das Stimmengewirr dieser Zeit

— sie sprechen aus den nahen Nächsten, sprechen aber auch aus Zeitung, Rundfunk, Fernsehen. Hineinsehen in das erregende Schauspiel der Gegenwart — es spielt in allernächster Nähe und Nachbarschaft, spielt aber auch im fremden Erdteil und in Astronauten-Ferne.

Interessiert sein am Geschehen. Noch immer schiebt das Fließband der Zeit uns Gaben und Aufgaben, die kleinen Freuden und die täglichen Plagen, die Geschenke und die Prüfungen des Lebens vor uns hin.

Der alternde Mensch hat viel Zeit. Es liegt also an ihm, ob es leere Zeit ist: »ich langweile mich zu Tode!« oder erfüllte Zeit: »denn jeder Tag lockt, daß ich ihn erlebe!«

Und dann eines Tages alt sein
und noch lange nicht alles verstehn, nein,
aber anfangen, aber lieben, aber ahnen,
aber zusammenhängen mit Fernem und Unsagbarem ...
Ich denke es mir gut, alt zu sein.

Rainer Maria Rilke

Anhaltspunkte

Ich bin zu alt, um nur zu spielen,
Zu jung, um ohne Wunsch zu sein. — Goethe

☆

Das Alter ist für mich kein Kerker, sondern ein Balkon,
von dem man zugleich weiter und genauer sieht.

Marie-Luise Kaschnitz

☆

Ich bin ein alter Mann und habe in meinem Leben viele
Sorgen gehabt, aber die meisten waren unnötig.

Mark Twain

☆

Lernen wir uns freuen, so verlernen wir am besten
anderen wehe zu tun. — Friedrich Nietzsche

☆

Die Seele nährt sich von dem, woran sie sich freut.

Augustinus

☆

Dankbarkeit ist eine Tugend, die ausgesprochen
sein will. — Oskar Hammelbek

☆

Um richtig zu leben, muß man nicht nur auf viele
Dinge verzichten, sondern auch den Mut haben, diesen
Verzicht zu verschweigen. — Cesare Pavese

☆

In Wirklichkeit gibt es nur eine einzige Arznei gegen
die Traurigkeit: den Dank. — Ida Friederike Görres

☆

O Gott, der du mir so viel gegeben hast, gib mir in
deiner Gnade noch ein dankbares Herz. — Georg Herbst

DENN ES KOMMEN JAHRE...

*O Herbst, befrei mich
von des Sommers Last.*
Matthias Claudius

Am Sonntagnachmittag nahm Frieda, unsere treue Hausangestellte, sich einen Korb voll Stopfsachen, setzte sich ins Gartenhäuschen und, indes sie sich den Löchern unserer Bubenstrümpfe widmete, sang sie aus vollem Gemüte.

Noch weiß ich viele Texte dieser Lieder. So den tieftraurigen Sang vom Spätheimkehrer und der Gärtnerin: »Müde kehrt ein Wandersmann zurück«. So die rührende Weise von der ausgestorbenen Blume »Männertreu«. Doch am meisten erinnere ich mich an das russische Volkslied vom »Roten Sarafan« mit der mahnenden Zeile: »Denn es kommen Jahre, / wo Lust und Freude fliehn, / und die welken Wangen / Falten überziehn.«

Zugegeben, die Kosmetik vermag heutzutag nicht wenig gegen die drohenden Falten. Nichts aber vermag sie gegen die Sanduhr, in der die Zeit rinnt und rinnt und rinnt, unaufhaltsam, unerbittlich.

Ja, es kommen Jahre, wo die Geschmeidigkeit und Beweglichkeit der Jugend weichen, wo Elan und Energie nachlassen, Tempo und Vitalität schwinden.

Doch tritt diesem Minus nicht auch ein Plus zur Seite?

Vieles ist der Jugend eigen. Aber die *Gelassenheit* ist ein

Geschenk des Alters. Denn nun wird man nicht mehr empor- und hinabgeschleudert von den Ereignissen des Herzens, nicht mehr hin- und hergerissen von den Erschütterungen des Gemütes, nicht mehr taumeln zwischen Seligkeit und Verzweiflung.

Vieles ist der Jugend eigen. Doch die *Weisheit* ist ein Geschenk des Alters. Denn viel hat man erlebt und überlebt. Und dabei allmählich erkannt, daß vieles nicht so wichtig ist, wie es uns erschien, und daß, was wir wollen, nicht immer ist, was wir brauchen — und umgekehrt!

Vieles ist der Jugend eigen. Doch die bewährte *Treue*, sie ist eine Kraft des Alters. In ihr reift dann jenes stille Vertrauen heran, das ohne Angst und Trauer dem Wort des Herrn an Petrus nachsinnt: »Als du jünger warst, gürtetest du dich selbst und gingst, wohin du wolltest. Bist du aber alt geworden, so wirst du deine Hände ausstrecken, und ein anderer wird dich gürten und dich führen, wohin du nicht willst« (Joh 21, 18).

>
> *Um Weisheit anzunehmen,*
> *muß man schon weise sein.*
>
> Joseph Bernhart

EINST UND JETZT UND EINST

Ich will nicht im Augenblick ersaufen.
Goethe

Gewiß, wer nicht in der Gegenwart lebt — lebt nicht in *dieser* Zeit. Denn das Jetzt ist eben das Hier.

Lebe ich aber denn jetzt *nur* hier? Manchen Heiligen war die Gnade gegeben, gleichzeitig an zwei Orten zu sein. (»Bilokation« nennen das die Theologen.)

Aber auch ohne auf solche Privilegien den geringsten Anspruch erheben zu können, ist es mir doch möglich, den Geist schweifen zu lassen. Indes der Körper unentrinnbar dem Hier und Heute eingefügt bleibt, stehen dem Geist alle Erdteile und alle Jahrhunderte offen.

Kant, der gewaltige Philosoph, ist zeitlebens nie aus Königsberg herausgekommen, hat nie ein großes Meer, nie eine Weltstadt, nie ein fremdes Land gesehen und hat doch Bücher über Reisen in fernste Länder geschrieben. Während seine Schritte die Stube und die Straße zu Königsberg durchmaßen, durchflog sein Geist die ungeheuersten Strecken.

Und das eben ist ein Geschenk des Alters: sich zurück zu versetzen in erlebte Erlebnisse, in abgelagerte Schichten des gelebten Lebens. Je älter ein Mensch wird, desto mehr Jahresringe umschließen sein Herz. Die aber dürfen ihn nicht abkapseln, indem sie sich verhärten, sondern sie sollten offen zugänglich bleiben der Erinnerung.

Ob Kindheit, Jugend, Mittelalter — nach rückwärts ist der Weg uns offen.

Nach vorwärts? Nun, wer sich nicht begnügt mit dem Achselzucken »nach drüben ist die Aussicht uns verhängt« — wem die Bücher der Bibel Offenbarung bedeuten, dem öffnet sich nach vorne die ungeheure Perspektive in die Ewigkeit.

Und so zwischen Vergangenheit und Zukunft erlebt er die Gegenwart, dankbar für das Vergangene, hoffend für das Künftige, als Brücke von Hier nach Dort, von Zeit zur Ewigkeit.

»Einst« meint Vergangenheit und »Einst« meint Zukunft — dazwischen das atmende Jetzt!

Ich will gern alles verlieren, was zu verlieren ist,
außer einem, und das ist: Zeit. Denn immer bin ich
in Gesellschaft von jemand, und das ist: der Tod.

Jean-Louis Barrault

MISSTRAUT DEN SCHMEICHLERN!

*Ein Mann, der Herrn K. lange nicht gesehen hatte,
begrüßte ihn mit den Worten:
»Sie haben sich gar nicht verändert«.
»Oh«, sagte Herr K. und erbleichte.*

                        Bert Brecht

Einen Bildband über Konrad Adenauers Leben durchblätternd, kann man staunend sehen, wie die Zeit dieses Angesicht geformt hat.

Kinderbilder wie allerorten. Auch dem Heranwachsenden bleibt der Gesichtsausdruck unauffällig, allgemein, durchschnittlich. Selbst der Vorangekommene, der erfolgreiche Oberbürgermeister von Köln, hat noch ein ziemlich unbeschriebenes Gesicht.

Wie eindrucksvoll aber dann die vom harten Griffel des Schicksals eingezeichneten Furchen und Falten, dieses vom Alter geprägte, von müden, doch immer noch wachen Augen belebte Angesicht des Greises — eine ganze Landschaft von Gesichtszügen!

Man mag unter dem unaufhaltsamen Strom der verfließenden Zeit leiden. Vielen wird es schwer, sich abzufinden damit, daß auch im Menschen mit dem Frühling das Blühen verblüht, daß die stürmischen Wetter Verwitterungserscheinungen hinterlassen, daß des Lebens Herbst uns das Welken und Verwelken nicht erspart.

Manchem mag es gefallen, wenn ihm — mehr höflich als ehrlich — geschmeichelt wird: Sie haben sich gar nicht verändert!

Reifen jedoch ist ohne Veränderung nicht möglich. Und sollte am Ende unserer Tage uns gesagt werden: Du hast dich gar nicht verändert — es wäre ein Schuld-Urteil!

Wer ein Warum zu leben hat,
erträgt fast jedes Wie.
    Friedrich Nietzsche

ZWAR KEIN ADABEI – ABER...

*Solange du dich für das Leben interessierst,
solange wird sich das Leben
für dich interessieren.*

G. B. Shaw

Die Wiener haben eine originelle Figur erfunden: den Herrn Adabei. Das ist jener unvermeidliche Herr, der immer und überall »a dabei« sein muß. Ein Verwandter des »Keine Feier ohne Meier«.

Diesen Typ meinte der irische Dichter Shaw nicht, als er mit 90 Jahren obige Zeilen schrieb. Er selber hielt sich nämlich von Konferenzen und Versammlungen hartnäckig fern. Zu Interviews war er nur bereit, wenn er dafür ordentlich bezahlt wurde.

Nein, er dachte vielmehr an Menschen, die — wie er selber — wirkliche Zeit-genossen sind. Sie sind interessiert am Geschehen nah und fern. Sie nehmen Anteil an den Problemen, Ereignissen, Entwicklungen und Verwicklungen ihrer Gegenwart.

Sie wissen die Zeitung kritisch zu lesen. Sie wählen im Radioprogramm aus. Haben neben dem Rundfunkgerät ein Sachbuch liegen, das sie informiert, wie der Lebensweg von Anton Bruckner war, was ein Menuett von einer Mazurka unterscheidet, welchen Inhalt Schillers »Fiesco« hat.

Sie wissen, warum sie das Fernsehen bei dieser Sendung ein- und bei einer anderen Sendung ausschalten. Sie kennen das Programm der Volkshochschulen, der Glaubensseminare, der Konzerte. Sie nützen die vielerorts eingerichteten Bibliotheken und Leseräume...

Und dieses Interesse am gegenwärtigen Leben wird ihnen selber um so eher eine Resonanz, ein Echo, eine Antwort einbringen als es ein wirklich anteil-nehmendes Interesse am zeitgenössischen Menschen ist!

Ich habe mich dahin erzogen,
alles wie beim ersten Mal zu sehen.

Kurt Seeberger

ABZÜGLICH DER TARA

*Es kommt darauf an,
wie einer netto lebt,
nicht brutto.*

Alfred Polgar

Reizend war es anzuschauen: das Geschenkpäckchen. Zart und blumig das Einwickelpapier, zitronengelb das Seidenschleifchen. Sogar ein duftendes Veilchensträußchen war in die hübsche Schleife gebunden.

Der Inhalt? Nun, von ihm hatte die nette Verpackung zwar allerhand versprochen. Aber dann stellte sich heraus, daß dieser Inhalt doch ziemlich enttäuschend war.

Und eigentlich kam es doch auf ihn an und nicht auf das zierende Drumherum.

Auch das Leben hat seine Tara, sein Verpackungsgewicht. Bei manchen Leuten ist es sogar wichtiger als der Inhalt. Ein solches Leben stellt sich dann dar wie eine Schaupackung: hübsch anzusehen — doch nur zum Anschauen bestimmt. Denn es handelt sich vor allem um Kulissen und Attrappen.

Brutto — das ist Verpackung *und* Inhalt. Und das ist die Regel. Das ist zunächst im menschlichen Leben sogar untrennbar. Doch wenn ein Mensch nicht nur älter, sondern auch reifer wird, dann gewinnt der Inhalt seines Lebens mehr und mehr an Bedeutung. Wie im reifenden Jahr am Baum Blüten und Laub allmählich den Früchten weichen und wie dann der Wert der Ernte den Wert des Baumes ausmacht und nicht Blüte und Laub — so gewinnt ein Leben seine Fülle nicht durch das Drumherum des Dekors sondern durch die Gediegenheit seiner Ernte.

Wie das dann aussehen könnte? Nun, ein Erfahrener, nämlich Wilhelm Busch, hat es so beschrieben:

> Haß als Minus und Vergebens
> Wird vom Leben abgeschrieben,
> Positiv im Buch des Lebens
> Steht verzeichnet nur das Lieben.
> Ob ein Minus oder Plus
> uns verblieben, zeigt der Schluß.

Lächeln ist das Beste

Das Beste, was wir auf Erden tun können, ist: Gutes tun, fröhlich sein und die Spatzen pfeifen lassen.
Don Bosco

☆

Der Heiterkeit sollen wir, wenn sie sich einstellt, Tür und Tor öffnen, denn sie kommt nie zur unrechten Zeit. Heiterkeit ist unmittelbarer Gewinn. Arthur Schopenhauer

☆

Humor ist der Knopf, der verhindert, daß uns der Kragen platzt. Joachim Ringelnatz

☆

Was die Zeit dem Mann an Haar nimmt, das ersetzt sie ihm durch Witz. Bernhard Shaw

☆

Zu den gesundheitlichen Vorteilen des Alters gehört, daß man ziemlich viel von dem Alkohol verschüttet, den man nicht trinken soll. André Gide

☆

Versuchungen bekämpft man am besten durch Geldmangel oder Rheumatismus. Joachim Ringelnatz

☆

Warnschild in Sun-City:
»Achtung! Spielende Großeltern!«

☆

Heute sind wir wieder einen Tag der Pensionierung näher.
(Inschrift in einer Redaktion)

☆

»Krause, was tut der Soldat, wenn er die Ablösung kommen sieht?«
— Rekrut: »Er freut sich, Herr Feldwebel!«

ZUSCHAU'N KANN I DOCH!

O diese köstliche Ferne!
    Walter Scott

Die Einladung zur Tauffeier hatte er nicht ablehnen können, und so war er denn zur frohen Gesellschaft gekommen. Aber schon im Park hatten die alten Bäume sein Interesse dermaßen gefesselt, daß er in ihrem Schatten blieb und nur aus dieser Entfernung dem Fest beiwohnte. Danach jedoch war er sich ganz sicher, keiner der Gäste habe so viel von diesem Fest gehabt wie er aus »dieser köstlichen Ferne«.

Die Distanz hatte es ihm ermöglicht, die Feier richtig in seinen Griff zu bekommen. Wer allzu dicht an die Dinge herangeht, sieht sie nicht richtig — so wie einer, der die Handfläche sich unmittelbar vor Augen hält, das Ganze der Hand nicht erkennen kann.

Der Jugend geht das schwerlich ein. Sie stürzt sich mit Begeisterung in die Wogen der Ereignisse, läßt sich von ihnen mitreißen und überschäumen. Auch der Tätige kann sich solche Distanz nicht leisten. Er muß ja der sprudelnden, rauschenden Wasser Herr bleiben, muß den Kopf über Wasser halten.

Anders der Alternde. Ihm ist nicht danach, sich in die Wasser zu stürzen, oder sich im Wellengang zu behaupten. Er sitzt sozusagen auf dem Fels, zu dem die Gischt hochspritzt, schaut von dort in die tosende Brandung und entdeckt im Wasser Schönheiten, die dem Auge des Schwimmers, dem vom salzigen Wasser und weißem Schaum geblendeten Auge fremd bleiben.

»Zuschauen kann i net, meiner Seel net. / Wenn i net selber bin dabei, bricht das Herz mir entzwei.« So behauptet der unternehmungslustige Operetten-Jüngling. Soll er! Dem Alter geziemt — und das ist mehr als müde Resignation, es ist dankbar genossene Fernsicht: »Zuschau'n kann i wohl!«

Der Mensch bezahlt den Gewinn
des Mehr und Mehr an Welthabe
mit dem Weniger und Weniger an dem,
was eigentlich den Menschen ausmacht.

Joseph Bernhart

ES LOHNT SICH, ALT ZU WERDEN

Aus einer Leserzuschrift

Was hat man noch? Ein Hobby oder zwei: Musik, Bücher, Blumen, Malen, Spaziergänge, Wolken und Vögel: der Frühling kommt gewiß! Man »hat« Zeit und Ruhe; jawohl; man »muß« nicht mehr, man darf! Sogar eine Reise kann man machen auf »Seniorenkarte«.

Der Haushalt ist kleiner geworden, später gibt es »Essen auf Rädern«, eine wunderbare Erfindung! Ich habe gerade die hübsche runde Zahl 70 erreicht, es reicht mir! Aber ich nehme auch gern noch mehr, wenn's sein muß oder darf! »Stirb bloß nicht vor mir!« sagt mein Mann. Nun ja, man tut sein Bestes: Wasser, Hautöl, Schwimmen — Mäßigkeit in allem (erstrebt man!). Und Frieden »hat man«, hier und heute: Behütetsein, keine Bomben, keine Schrecken — oder doch nur seinen eigenen kleinsten Teil an den vielen Schrecken unserer Welt, sonst wäre man ja kein Mensch! Ein »fruchtbarer Alter« schon gar nicht, sondern bloß ein Stück Inventar und überflüssig.

Man kann so wenig tun, aber doch einiges: ein gutes Gespräch führen (man hat ja Zeit!), einen Krankenbesuch machen, ein kleines Geschenk kaufen oder basteln, man kann zuhören, damit der andere reden kann, klagen, anklagen, fragen. Wenn man doch Antwort wüßte oder Antwort wäre! Einfach im Dasein: ein alter Mensch hat einen Kredit an Vertrauen. Es kann ein »Vermögen« mit diesem Kredit gewonnen werden, das viel »vermag«: trösten, beruhigen, aushalten, lieben, zuhören, hinhören. Darin lernt man nie aus, im klugen, hingegebenen, antwortbereiten Hinhören. Wozu wären wir »Senioren« gut, wenn wir nicht dieses lernten: hören und demütig und geduldig warten, damit uns eine kleine Antwort »einfällt« — keine billige Redensart!

Ich habe mich von Kindheit an auf das Alter gefreut und auf den Tod. Es waren halb religiöse, halb märchenhafte Vorstellungen, und sie haben mich nicht verlassen (eigentlich merkwürdig: trotz Rebellion, Glaubensverlust, Zerrissenwerden von eigenen und fremden Problemen). Es ist noch immer so: Das Alter = ein Märchenbaum mit Bibelakzenten; der Baum wächst und wächst, jedes Jahr größer und weiter; er trägt Äpfel, Nüsse, Trauben und Brot. Und »die Vögel des Himmels wohnen unter seinem Schatten«, und seine Wurzeln gehen hinab ... zu den Wassern der Tiefe, und seine Zweige sprechen mit Wolken und Winden.

Klar, daß man viel älter noch und reifer werden muß, um fruchtbarer zu sein, schützender! Also ein Grund, um noch viele Jahre zu wünschen? Aber vielleicht sind die »inneren Jahre« andere als die Kalenderjahre. »Gott«, den man nicht sieht und glaubt, braucht nicht 100 Menschenjahre, um etwas daraus zu machen. Und dann der Tod! Das war mir immer ein Tor — wie zu Advent —, ein hohes, verheißungsvolles Tor in ein gutes, großes Geheimnis: einmal geht das Tor auf!

Also, das Leben lohnt sich, und das Altwerden noch einmal ... Das Leben ist und bleibt interessant, wahrscheinlich bis zum letzten Augenblick! Aber auf diesen letzten Augenblick soll ich nicht starren, das macht bloß Angst. Wir haben — etwa im Kriege — erlebt, daß im Augenblick existentieller Gefahr ein Mut da war, eine Kraft, die wir nie erwartet hätten: ein Geschenk der großen (angstvollen) Stunde. So auch wohl die Todesstunde.

Vorher aber haben unsere Augen, Ohren und alle Sinne viel zu vernehmen, so viel! Immer ist Arbeit für uns da, Schmerz und Lust, und immer noch weiter wächst »der Baum« und bereitet sich das Geheimnis vor hinter dem großen Tor: nicht für mich — für uns alle.

*Im Älterwerden
sieht man den Sand
durchs Stundenglas rinnen,
aber man darf auch sehen,
wie das,
was sich in der unteren Hälfte sammelt,
einen Glanz erhält,
den es in der oberen Hälfte nicht hatte.*

Luise Rinser

DOPPELT BÖSE ODER DOPPELT GUT?

*Früher war ich der Ansicht gewesen,
die Grausamkeit der Jugend käme aus
ihrer Kraft, ebenso wie die Güte des Alters
aus Altersmüdigkeit.
Doch nun, da ich selber älter werde,
weiß ich, daß das nicht stimmt.*

Jerzy Kosinski

Natürlich ist die Hexe eine Märchenfigur. Doch warum muß sie, um richtig erschrecken zu lassen, eine *alte* Hexe sein? Nun, eine junge Hexe wäre verführerisch, wäre also genau das Gegenteil von abstoßend und schreckerregend.

Eine alte Hexe hingegen ist einfach grauenhaft. Nicht so sehr, weil ihr Frische und Reiz der Jugend fehlen, sondern weil sie nicht mehr die Chance der Jugend hat: sich zu ändern, sich zu bessern. Sie ist, statt ein gereifter Mensch zu sein, ein hoffnungsloser Fall.

Ist ein alter Mensch böse, so ist er ein doppelt böser Mensch. Ebenso wahr ist aber auch: ein alter Mensch, der gütig ist, das ist ein doppelt gütiger Mensch.

Wieviel Herzenswärme kann ein solcher Mensch ausstrahlen, den die Erfahrungen nicht verbittert und die Enttäuschungen nicht verhärtet haben! Wieviel Selbstlosigkeit hat eine Liebe gewonnen, die nicht mehr verlangt, wenig erwartet und dennoch viel gibt! Wieviel Vertrauenswürdigkeit hat sich einer verdient, der die Menschen kennt und sie dennoch nicht meidet, weil er sich selber kennt — und weiß, wie sehr er auf andere Menschen angewiesen ist, weniger aus Hilfsbedürftigkeit als aus ihm eingeschaffenem Herzensbedürfnis.

Der die Herzen erschaffen hat, der kennt sie wohl. Und was Er von diesem Herzen gesagt hat, gilt zwar für alle, für junge und für alte Herzen aber ganz besonders: »Es ist nicht gut für den Menschen, allein zu sein.«

O Alter, gesegnete Lebenszeit,
ich grüße dich!
Die Menschen fürchten dich.
Ich aber will dich lieben
wie das Morgengrauen des ewigen Tages.
Schon sehe ich meine Schläfen weiß werden,
und ein Lächeln erhellt mein Gesicht.

Lucie Christine

Das Bleibende

Wer sich um andere kümmert, hat keine Zeit, alt zu sein.
Wilhelmine Lübke an ihrem 90. Geburtstag

☆

*Auf der Welt lebt keiner vergebens, der die Bürde
eines anderen leichter zu machen sucht.*   Helen Keller

☆

*Nichts tut der Seele besser als jemand seine
Traurigkeit abnehmen.*   Paul Valery

☆

*Nun wüßt ich, was dir Besonderes bliebe?
Mir bleibt genug! Es bleibt Idee und Liebe.*   Goethe

☆

*Zu einer zweifelnden Frau sagte der altehrwürdige
Starez Sossima: »Beweisen läßt sich da gar nichts.
In dem Maße aber als Sie Fortschritte machen werden
in der Liebe, werden Sie sich überzeugen sowohl vom
Dasein Gottes wie von der Unsterblichkeit Ihrer Seele.«*
Dostojewski, Brüder Karamassov

☆

*Wer es nicht versteht, so zu leben, daß er den Nächsten
liebt und den Schmerz des andern mit umfaßt, erhält
seine Strafe darin, daß er die eigenen Schmerzen mit
unerträglicher Heftigkeit empfindet.*   Cesare Pavese

☆

*Wenn durch einen Menschen ein wenig mehr Liebe
und Güte, ein wenig mehr Licht und Wahrheit in der
Welt war, hat sein Leben einen Sinn gehabt.*   Alfred Delp

ABER DIE JUGEND

*Generationen reden verschieden
und handeln gleich.*
                    Carl von Haller

»Junge, was willst du zu deinem Geburtstag?« fragte die Großmutter den Enkel.

»Schallplatten!«

»Welche?«

»Weißt du, du hörst dir im Laden einige an. Und die dir gar nicht gefallen — die schenkst du mir. Die sind nämlich genau richtig.«

Derlei muß nicht erfunden werden. Derlei ist Tatsache. Verschieden ist der Geschmack der Älteren und der Jungen. Verschieden sind Sprache, Gewandung, Lebensstil.

Doch vielschichtig ist der Mensch. Je mehr man bei ihm nach innen dringt, desto ähnlicher werden sich diese Schichten. Und dringt man gar bis in die Nähe der Herzenskammer, dann ist der Unterschied zwischen Menschen verschiedener Rassen, verschiedener Zeitalter, verschiedener Lebensalter nicht mehr groß. Ja im Grunde — nämlich des Herzens — sind die Menschen seit den Tagen Kain und Abels dieselben geblieben.

Je tiefer also die Schicht ist, in der man den anderen aufsucht, ihm zu begegnen trachtet, desto weniger trennt die Generationen. Da also die Herzen am wenigsten sich verändern, wird vom Herzen her auch die Verbindung und Verständigung am ehesten gelingen. Kennt einer sein eigenes Herz, bleibt ihm das der Söhne und Töchter, der Enkel und Urenkel nicht unbekannt.

Freilich, wie für jede Beziehung, so gilt gerade für jene zwischen den Herzen verschiedener Lebensalter die Weisheit, die nicht wenig dazu beitrug, die Gestalt des guten Papstes Johannes XXIII. allen Generationen so glaubwürdig zu machen: »Man muß vor allem die Freiheit anderer Menschen achten. Gott tut es auch.«

Was jung ist,
will jung sein,
das ist so Brauch.
Als wir jung waren,
wollten's wir auch.

Cäsar Flaischlen

DOCH DES TAGES FORDERUNG BLEIBT!

Was jeder Tag will, sollst du fragen.
Was jeder Tag will, wird er sagen!
                                   Goethe

Als ich unseren pensionierten Herrn K. neulich müßig auf der Straße vor unserer Dienststelle traf, war er spürbar in Verlegenheit: »Sie wissen ja, jeden Werktag bin ich hierher gegangen. Jahrzehntelang! Und der Mensch ist halt ein Gewohnheitstier!«

Wie gut verstand ich ihn. Und wie gerne sah ich aus solcher Anhänglichkeit die gute alte Treue schimmern. Freilich, sieht man näher zu, dann wird auch Resignation deutlich.

Zäh sind die Gewohnheiten. Zumal die aus einer Pflicht entstandenen Gewohnheiten! Entschwindet dann die Pflicht, bleibt die Gewohnheit zurück, wie eine Hülse: leer, hohl, sinnlos.

Entschwindet die Pflicht aber tatsächlich? Ist es nicht vielmehr so, daß sich die Pflicht nur wandelt? Denn wenn Pflicht nach Goethes Auskunft »die Forderung des Tages« ist — dann stellt doch weiterhin jeder Tag seine Forderungen! Diese haben sich mit dem veränderten Tag gleichfalls verändert. Und eben diese Änderung gilt es zu erkennen und zu erfüllen. Diese neue Pflicht muß wahrgenommen und angenommen werden.

Die Forderung des Tages war früher die Leistung in unserer Dienststelle. Jetzt gilt es anderes zu leisten —

anderswo und anderswie, aber Leistung! Vielleicht besteht sie in einem aktiven Tun, vielleicht in einem passiven Ertragen. Zweifellos ist letzteres schwerer zu schaffen. Besonders wenn Ertragen mit Leid verbunden ist, nachdem das Tun in Lust geleistet worden war.

Sich einer solch gewandelten Forderung des Tages (und der Nacht) zu stellen, setzt eine Reife voraus für die all die Jahre vorher eine Art Vorbereitung waren. Da sie jedoch keine Einübung waren, ist solche Umstellung und Umgewöhnung nicht einfach, und je plötzlicher desto schwieriger.

Solange wir atmen, hält der Tag seine Forderung bereit, und je länger wir leben, desto mehr fügt die Nacht ihre Prüfungen hinzu — solange wir leben, sind unsere Durchhaltekraft, unsere Tapferkeit, unsere Geduld gefordert, ja in den Jahren des sogenannten »Ruhestandes« sogar besonders gründlich und kräftig!

Und Herr der Zukunft,
wer sich wandeln kann.
Stefan George

DIE STETE VERSUCHUNG

*Eine junge Zahnreihe aber neidlos anzusehn,
Das ist die größte Prüfung mir, dem Alten.*

Goethe

Natürlich hatte Faust sich mit größeren Aufgaben herumzuschlagen. Sein Autor war dennoch ehrlich genug zuzugeben, daß es nicht leicht sei, ohne Neid auf die junge Generation zu blicken!

Mag sein, daß seinerzeit die Sache mit dem Zahnersatz noch nicht so trefflich florierte wie heutzutage, wo eine ältere Dame mir kummerlos erklären konnte: »Meine Zähne sind wie die Sterne: — nachts kommen sie raus!« Dritte Zähne ohne Nerven haben ja auch Vorteile ...

Doch: Ersatz bleibt Ersatz. Und nicht leicht ist's dem Blick, der seit Mose nicht begehrend auf des Nachbars Haus und Hof und Gattin fallen darf, die Perlenreihe jugendlicher Zähne nicht scheel zu streifen.

Auch ansonsten erscheint ja — je älter man wird, desto mehr — an anderen manches ziemlich beneidenswert: wie flott sie gehen ... wie scharf sie ohne Brille sehen ... wie kräftig sie essen dürfen ... wie unbekümmert sie drauflos trinken ... wie ungestört ihr Schlaf ... wie selbstverständlich ihr Ibiza-Urlaub ...

Da muß man sich rechtzeitig klarmachen: Du siehst nur die Schokoladenseite ihres Daseins, von der anderen weißt du nichts. Du hörst nur ihr Lied, nicht ihre Seufzer. Du siehst ihre Lust, weißt nicht ihren Preis.

Zwar kennen auch Kinder schon den Neid. Aber sie können ihn beschwichtigen mit der Hoffnung: später, später. Solche Beschwichtigung kennt der Neid der Alten nicht. Ihnen schwimmen die Felle nicht zu, sondern weg, immer weiter weg.

Eigentlich hilft da nur die Dankbarkeit für Gehabtes. Denn wenn schon Neid mit Haben zusammenhängt, so *haben* die Alten eben hinter sich, was die Jungen noch vor sich haben. Und daß es kein ungetrübtes Vergnügen ist, was da zu haben ist, — nun, wer wüßte es besser als die Weise-Gewordenen!

Beißen wir also weiterhin die Zähne zusammen — auch wenn's die falschen sind!

SPEZIAL-TIP: ZUHÖREN KÖNNEN!

*Nach Geschwätz hat der Mensch offenbar
ein so tiefes Bedürfnis,
als wäre es das einzig Notwendige.*

Kierkegaard

Der Dirigent der Kurkapelle hatte den Taktstock erhoben. Erwartungsvolle Stille bereitete sich vor der Schallmuschel auf den Zuhörerbänken aus. Schon tanzten die Melodien des Strauß-Walzers durch den Kurpark ...

Aber die beiden Alten auf der Bank neben dem Fliederbusch — sie mußten erst durch heftiges »Pst! Pst!« zum Schweigen gebracht werden. Ihr Geplauder ging ihnen über alles.

Worüber? — Nun, hätte man ihr Gerede aufs Tonband genommen, sie selber hätten's nicht ohne Grauen abgehört: Palaver, Palaver über das gestrige Abendessen, über Verdauungsschwierigkeiten, über Bierpreise und vor allem über den lieben Nächsten. Man sagt ja nix, man red't ja bloß. — Antwort: Ich sag garnix, das wird man wohl noch sagen dürfen!

Fürchterlich! Obiger Satz von Kierkegard gilt für alle Menschen. Aber — bei alten Menschen fällt einem das Gerede halt am meisten auf und am meisten auf die Nerven! Besonders wenn die Sätze beginnen mit: »Damals« oder »Zu meiner Zeit« oder »Wie ich so alt war« oder »Heutzutage ist das ...« Junge Menschen reagieren allergisch auf so etwas.

Hingegen macht nichts alte Menschen so angenehm und annehmbar wie die (schwere und seltene) Kunst des Zuhören-Könnens.

Wer zuhören kann, wird nicht vereinsamen. Wer zuhören kann, erweckt Vertrauen. Wer zuhören kann, ist ein Helfender — denn vielen Menschen ist schon damit geholfen, daß sie sich aussprechen können. Einem teilnehmenden Ohr öffnet sich leicht ein mitteilendes Herz ...

Unerbetene Ratschläge hingegen sind — so hat ein kluger Zeitgenosse entdeckt — unerwünscht wie abgelegte Kleider: obwohl sie passen und nützen, man empfindet sie als Zumutung.

Wenn Kinder schwätzen, lächle ich für mich
Und denke still: Ihr lernt's noch irgendwie.
Wenn Große schwatzen, lächle ich:
Ihr lernt es nie.
                        R. A. Schröder

Die allzu vielen Wörter

*Was wir sagen, beherrscht uns, was wir verschweigen,
beherrschen wir.*   Japanisch

☆

*Es gibt Dinge, die man nicht aussprechen sollte, denn
sie haben die Eigentümlichkeit, daß sie ihre Klarheit
einbüßen, sobald sie über die Lippen gehen.*
   Werner Bergengruen

☆

*Nach dem Gesetz der Schwerkraft ist es leichter,
den Mund zu öffnen, als ihn zu schließen.*   Zeitgenosse

☆

*Ich höre jeden gerne über sich selbst reden,
weil ich dann immer nur Gutes höre.*   Peter Rosegger

☆

*Sei klüger als andere, wenn du kannst.
Aber sage es ihnen nicht.*   G. K. Chesterton

☆

*Stets äußert sich der Weise leise,
Vorsichtig und bedingungsweise.*
   Wilhelm Busch

☆

*Die Wortkargen imponieren immer. Man glaubt schwer,
daß jemand kein anderes Geheimnis zu bewahren hat
als seine Unbedeutendheit.*   Marie von Ebner-Eschenbach

☆

*Es läßt sich soviel Schönes über das Schweigen sagen,
das Schönste aber läßt sich nur verschweigen.*
   Adrienne von Speyer

JE ÄLTER ER WURDE ...

> *Nur die ungeheure Eitelkeit der
> Menschen, der kindliche Hang nach
> Glanz und falscher Ehre, nur die
> ganze Summe dieser Miserabilitäten
> verschließt die modernen Herzen
> gegen die einfachsten Wahrheiten
> und macht sie gleichgültig gegen das,
> was allein echtes Glück verleiht:
> Friede und Freiheit.*
>
> Theodor Fontane

Zuerst war er Apotheker. Als er aber dann zum Schriftsteller umgesattelt hatte, zeigte sich, daß er nunmehr noch viel heilsamere Arzneien zu bereiten wußte: Theodor Fontane.

Sein Leben (1819—1898) war nicht sonderlich von Glück begünstigt. An wirtschaftlichen Sorgen, beruflichen Mißerfolgen, familiärem Kummer, körperlichem Unbehagen fehlte es nicht. Doch Jammern, das lag ihm nicht. Und je älter er wurde (mit Siebzig: »Noch einmal ein Weihnachtsfest, / Immer kleiner wird der Rest...«), je mehr die Lebenszeit zusammenschmolz, desto heller wurde das Lächeln seiner Altersweisheit.

So wichtig Gesundheit ist (leider merkt man's erst richtig, wenn man sie nicht mehr hat), so erfreulich Ehre und

Erfolg (leider kommen sie, wenn überhaupt, meist erst, wenn man ihrer nicht mehr bedarf) — zum Glück gehören Friede und Freiheit.

Friede: Ausgesöhnt sein mit sich selber... mit den lieben andern... mit dem lieben Gott... vielleicht sogar mit der schnöden Welt.

Freiheit: Möglicherweise die äußere, notwendigerweise die innere Freiheit. Freiheit einer Seele, die selber zu entscheiden weiß, was sie liebt und wofür sie lebt.

Solcher Friede und solche Freiheit ermöglichen schließlich jenen *Humor*, den Fontane in seinem Brief an den Sohn meint: »Mit herzlicher Freude lese ich Deine Briefe, die nicht nur vom Glück sprechen — das will nicht viel sagen, jeder ist mal glücklich — nein, die mir in jedem Wort auch zeigen, daß Du Dich auf Glück auch verstehst. Und das ist die Hauptsache. Denn wenn ich auch nicht ganz bestreiten will, daß es Pechvögel gibt, so gilt vom Glück im ganzen dasselbe wie vom Geld: es liegt auf der Straße, und der hat's, der's zu finden und aufzuheben versteht, Du hast, wenn mich nicht alles täuscht, von Deinem Alten die Fähigkeit geerbt, Dich in zehn Stunden (um nicht zu sagen Minuten) an zehn Dingen freuen zu können.«

*Es ist einfach falsch,
unter Glückseligkeit sich
die Erfüllung
aller Wünsche vorzustellen.*
Leo Tolstoi

»WIE KINDER FROMM UND FRÖHLICH SEIN«

*Der ist der glücklichste Mensch,
der das Ende seines Lebens mit dem
Anfang in Verbindung setzen kann.*
                                    Goethe

Wenn ihr nicht werdet wie die Helden? Wenn ihr nicht werdet wie die Genies? Wenn ihr nicht werdet wie die Heiligen?

Ach, wem wird's schon gelingen, ein Held oder ein Genie oder ein Heiliger zu werden!

Gott sei Dank, daß solches ja auch nicht von unsereinem verlangt wird. Nein, so sollen wir werden, wie wir schon einmal waren: »Wenn ihr nicht werdet wie die Kinder, ihr werdet nicht eingehen in das Himmelreich«.

Nicht: wie Kinder *bleiben!* Das hieße auf Entwicklung, auf Entfaltung, auf Reife verzichten und sich in einer Lebensphase verfestigen. Ergebnis: ein kindischer Erwachsener.

Nein, das wird verlangt: wie Kinder *werden.* Jenseits der erlebten Erlebnisse, der erlittenen Leiden, der genossenen Genüsse senkt sich der Lebensbogen wieder zurück in die Bereiche des Anfangs.

Wie Kinder werden, das heißt: unbefangen sich freuen, von keiner Vergangenheit sich lähmen, von keiner Zukunftsangst sich verdüstern lassen, zutraulich sich erschließen und anschließen zu können und Vertrauen zu haben zur väterlichen Führung.

Goethe, der viel vom Menschen wußte, empfiehlt denn auch: »Sei immer kindlich! Dann bist du alles, bist unüberwindlich!«

»WIR SIND GESINNT, BEIEINANDER ZU STAHN«

Laß uns, solang wir leben, einander,
was möglich ist, sein und bleiben.

Goethe

Mit diesem anmutigen Schnörkel schloß bereits der junge Goethe gerne seine Briefe. Später hat er's tiefer gewußt, daß man Freundschaft nicht gefährden darf, ja, daß es »überhaupt keinen Grund« geben kann für Eheleute, sich zu trennen.

In der Jugend findet man, aufgeschlossen und noch ungeprägt wie man ist, leicht andere, mit denen man sich versteht und verbindet. Je älter der Mensch wird, desto mehr lichten sich die Reihen der Freunde und Bekannten, und es wird immer schwerer, die entstandenen Lücken zu füllen.

Denn jetzt ist man, gewitzigt, ja verwundet durch Erfahrungen, zurückhaltender und spröder darin, Vertrauen zu gewähren. Durch Enttäuschungen vorsichtiger geworden, zögert man mehr und mehr, erneut Bindungen einzugehen.

Um so mehr müßte uns daran gelegen sein, Bewährtes zu bewahren. Wo einer nicht enttäuscht hat, darf man nicht leichtfertig einen Konflikt entstehen lassen. Treue ist ja durchaus nicht selbstverständlich. Darum muß sie erkannt, muß geschätzt, muß geschützt werden.

Es ist nichts Geringes, Nachbarn neben sich zu haben, auf die Verlaß ist, Kameraden zu haben, die in Not-Situationen nicht versagen, Freunde, die erprobt und bewährt sind.

Vor allem aber muß sorgsam gehütet werden ein Schatz, wie ihn innig und treuherzig das Volkslied »Ännchen von Tharau« besingt:

»Käm' alles Wetter gleich auf uns zu schlahn,
wir sind gesinnt, beieinander zu stahn.
Krankheit, Verfolgung, Betrübnis und Pein
soll unsrer Liebe Verknotigung sein.«

DER BRIEF

So las ich neu die Zeilen,
Die ich, ein Kind, dir schrieb.
Nichts ankert im Verweilen,
Nur dies: ich hab dich lieb.

In meinen Haaren zeigen
Sich Asche schon und Schnee.
Bleib ich dein stilles Eigen,
Tut Sterben selbst nicht weh.

Sahst eben du den Falter,
Der uns vorüber trieb?
Er flieht ob Grab und Alter
Wie dies: ich hab dich lieb.

Gib meinen Brief den Winden,
Dem Pilgerwind ihm gib!
Es ist kein süßres Finden
Als dies: ich hab dich lieb.

RUTH SCHAUMANN

UND DER MANGEL WIRD GEWINN

*Die grausam erscheinenden Verkürzungen
des Hör- und Sehsinnes meiner Mutter
bewahrten sie vor zahllosen Zerstreuungen
und im Grunde nichtswürdigen Eindrücken,
denen wir anderen den ganzen Tag über
ausgesetzt sind.
Sie lebte im Wesentlichen.*

Werner Bergengruen

Was der Dichter hier von seiner Mutter schreibt, berührt ein Geheimnis menschlicher Existenz: was als Verlust erscheint, kann als Gewinn erkannt werden, wenn — wenn man nur die rechte Optik anwendet.

Bergengruen, selbst mit früher Kurzsichtigkeit und später Schwerhörigkeit als Erb-»Gut« belastet, hat es immer tiefer erlebt und immer klarer ausgesprochen:

> Und der Mangel wird Gewinn,
> immerdar enthüllt das Ende
> sich als strahlender Beginn.
> Jeder Schmerz entläßt dich reicher,
> Preise die geweihte Not!

Es stimmt also, was die schlichte Volksweisheit behauptet: man kann »aus der Not eine Tugend machen«. Dem Verzichtenden und dem Entbehrenden werden Erlebnisse, Erfahrungen, Erkenntnisse zuteil, die dem Besitzenden und dem Genießenden versagt bleiben. Dem Kranken werden Einsichten zugänglich, die dem Gesunden verschlossen bleiben. Dem vom Schicksal Getroffenen werden Not-Ausgänge sichtbar, nach denen der Ungeprüfte niemals ausgeschaut und sie deshalb niemals entdeckt hat.

Falls wir also nicht nur älter, sondern auch reifer werden, wird uns nicht nur wichtig, was Angelus Silesius mit der Mahnung meint: »Mensch, werde wesentlich!«, sondern auch begreiflich: daß das Wesentliche genau in dem Maße in uns zunehmen kann, als das Unwesentliche abnimmt.

Es ist wie beim Filmen: Soll der Vordergrund scharf herauskommen, wird der Hintergrund verschwommen erscheinen. Soll der Hintergrund klar deutlich werden, geschieht's auf Kosten des Vordergrunds, der undeutlich und unbedeutend wird.

Und je älter man wird, desto unerbittlicher drängt dieses Entweder-Oder uns zur Entscheidung!

Es liegt am Menschen,
was er aus der Armut macht
und was die Armut aus ihm macht.

Joseph Bernhart

FRAG NICHT NACH DEM ZWECK DER ROSE

*Die Zweckbesessenheit bleibt die Wurzel
allen Frevels an der Schöpfung.*

Reinhold Schneider

Stunde zwischen Abend und Mitternacht. In der stillen Stube umgeben mich freundlich die dienenden Dinge. Zur linken die Heizung. Vor mir die Schreibtischlampe. Zur rechten das Tonband-Gerät.

Eindeutig ist der Zweck dieser Dinge: Die Heizung wärmt. Die Glühbirne leuchtet. Das Tonband harrt des Diktats.

Je mehr unser Leben umgeben und durchwirkt ist von den Werken der Technik, desto mehr paßt sich auch unser Denken und Urteilen dieser von Zwecken bestimmten Umwelt an. Leicht kann es dann geschehen, daß auch das Leben von diesem Zweckdenken her eingeschätzt und bewertet wird. Was aber könnte der

Zweck eines Lebens sein, wenn nicht die Leistung? Und tatsächlich haben wir's ja bereits dahin gebracht, unsere Menschengemeinschaft als eine »Leistungsgesellschaft« zu firmieren.

Wo die Leistung nicht mehr erbracht wird, wird die kaputte Heizung durch eine neue ersetzt, wird die ausgebrannte Glühbirne weggeworfen und auch das nicht mehr reparierbare Tonbandgerät fliegt zu Müll und Schrott. Wegwerf-Gesellschaft!

Und das Leben? Was wird aus ihm, wenn weder Hände noch Geist mehr tauglich sind, das Sozialprodukt zu mehren? Ein Zweckdenken wird auch das Leben nur noch auf Nutzwert, Ertrag, Rendite hin zu werten wissen.

Aber — ich blicke mich um in der Stube: Über der Heizung das Regal mit Büchern. Neben dem Tonband das Stengelglas mit der Rose. Und jenseits der Lampe das unverhangene Fenster mit dem Blick in den gestirnten Himmel. Verse, Rose, Sterne — wo wäre ihr Zweck? Sie sind nicht zweckvoll, sondern sinn-voll.

Und so wird ein reifes Leben nach geleisteter Leistung und getaner Tat nicht nach Zweck sich fragen lassen, sondern nach seinem Sinn!

Ja, bedenke ich's recht, da ich ja nun Zeit habe, über Heizung und Lampe und Tonband hinweg, in den Büchern einen Augustinus und Pascal, einen Shakespeare und Goethe zu befragen, Zeit, mich sinnend dem funkelnden Nachthimmel zuzuwenden, Zeit, mir die Rose, die geheimnisvolle, zu betrachten — bedenke ich's in dieser stillen Stunde recht, so hat das Alter Sinn und — Segen.

VON RECHTER TIERLIEBE

*Wer Tiere allzu sehr liebt,
liebt sie gegen die Menschen.*
                           Jean Paul Sartre

»Ich bin ich, weil mein kleiner Hund mich kennt«, sagte die alte Dame (in einer amerikanischen Erzählung).

Man kann über diesen Satz lächeln. Man kann aber auch darüber erschrecken. Denn es muß sich einer schon gottverlassen vorkommen, wenn er darauf vergißt, daß wir deshalb sind, weil *Gott* uns kennt.

Doch wer möchte der alten Dame grollen? Spürt man doch, daß hier das Tier eine Einsamkeit zu trösten vermag, die sonst kaum erträglich wäre.

Zwar ist nicht immer gut zu den Menschen, wer gut zu den Tieren ist — es gibt eine Tierverliebtheit, die den Menschen verachtet (Schopenhauer: »Je mehr ich die Menschen kennen lerne, desto lieber habe ich meinen Hund«) — Doch wer nicht gut zu den Tieren ist, ist meist auch nicht zu den Menschen gut (wobei wir einigen südlichen und orientalischen Völkern mildernde Umstände zubilligen wollen).

Und natürlich bleibt es Selbstsucht, wenn einer nur deshalb ein Tier liebt, weil es ihm ergeben ist, ihm nicht widerspricht, ihm aufs Wort gehorcht. Was da im Fernsehen zu hören war, muß nachdenklich stimmen: »Wir sind sehr menschlich zu Tieren, *mit* denen wir leben, aber sehr wenig menschlich zu Tieren, *von* denen wir leben.«

Nein, Tiere verdienen Rücksicht und Schonung um ihrer selbst willen. Schon die Bibel mahnt: »Der Gerechte weiß, wie seinem Vieh zumute ist.« Und Tiere verdienen unseren Dank, weil sie mit ihrem Leben unserem Leben dienen.

Und da einem, der an Gott als den Schöpfer glaubt, nicht gleichgültig sein kann, was in dieses Schöpfers Werkstatt entstanden ist — wunderbar über alle Maßen! — so haben die Tiere Anspruch auf die Ehrfurcht seines Herzens.

Ja, je mehr einer sich daheim weiß in einem Reich, das die Natur übersteigt, desto mehr »wird er befähigt und um so mehr ist ihm geboten, in der Begegnung mit dem Tier ein Liebender zu sein, der mit der Rechten sich haltend an sein Höchstes, die Linke frei hat für die Wesen, die von unten zu ihm drängen« (Joseph Bernhart).

Aber die Bücher sind noch da

*Die guten Leute wissen nicht, was es einen für Zeit und
Mühe kostet, um Lesen zu lernen. Ich habe achtzig
Jahre dazu gebraucht und kann noch nicht sagen,
daß ich am Ziel wäre.* Goethe

☆

*Gut tut's, bei den weisen Alten
Einkehr dann und wann zu halten.* Dr. Owlglaß

☆

*Werden wir Leser mit der Gelassenheit und Stille
unseres Hörens und Empfangens, wie etwa Rembrandt
sie gemalt hat. Sie sind überzeugt, reicher an Werten
zu werden.* Reinhold Schneider

☆

*Manche verdanken den Büchern ihre Weisheit,
manche ihre Torheit.* Plinius der Ältere

☆

*Liebe zum Buch hat jener, der abends in seinem Zimmer sitzt und es ist still geworden und auf einmal sind
ihm die Bücher im Zimmer wie lebendige Wesen.
In seltsamer Weise lebendig. Kleine Dinge und doch
erfüllt von Welt. Ohne Regung und Laut dastehend,
und doch bereit, jeden Augenblick die Seiten zu öffnen
und ein Zwiegespräch zu beginnen: stark oder zart,
voll Freude oder Trauer, von Vergangenheit erzählend,
in die Zukunft weisend oder Ewigkeit rufend, und um
so weniger zu erschöpfen, je mehr der zu schöpfen
vermag, der zu ihnen kommt.* Romano Guardini

☆

*Aber die Bücher sind noch da und haben alles überdauert. Und wir sind alt geworden und leben neben
ihnen ... Wir dürfen lesen, staunen, danken.*
Kurt Tucholsky

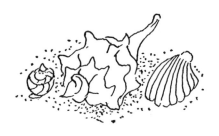

ENTSCHWUNDENES IST NICHT VERLOREN

Schließe die Augen —
und was du dann siehst,
das ist dein.

   Günther Eich

»Würden Sie es mir übelnehmen, wenn ich ein wenig zurückbleibe. Ich möchte die Rosen noch einmal ansehen.« So hatte Marcel Proust, der berühmte französische Schriftsteller, damals seinen Freund gebeten, als sie an einem Rosenbeet vorbeigekommen waren.

Daraufhin betrachtete er die Blüten so lange und so intensiv, daß sein Begleiter derweilen zweimal das Rondell langsam umschreiten konnte.

Bald danach war Proust endgültig in seine Krankenstube verbannt. Aber die hier entstehenden Bücher zeigen auf eine verblüffende Weise, wie er in der Dunkelkammer der Erinnerung zu farbigen Bildern entwickeln konnte, was er vorher im Sonnenlicht aufgenommen hatte.

Wohl dem, der Eindrücke in sich aufspeichern und zur rechten Zeit hervorholen kann. Mehr noch als einer, der Photo um Photo ins Album klebt, hat sich ihm ein Schatz angesammelt, dessen er sich freuen kann, wenn die dunklen Stunden Farben und Formen verwischen.

Das gilt nicht nur für optische Erlebnisse. Als ich einmal wegen einer Bach-Kantate im Rundfunk aufs Mittagessen vergaß, meinte die österreichische Krankenschwester: »Das hat Sie sehr impressioniert, nicht wahr?«

Freilich können auch traurige oder bösartige Erfahrungen sich tief ins Gedächtnis oder Unterbewußtsein einnisten und von da aus ein Leben verbittern. Doch sollte man solch bedrückenden, verdüsternden Erinnerungen wehren. Vom Willen und Denken her läßt sich hier manches — bei keinem alles, bei vielen nur wenig! — im Gefühl beeinflussen.

Leichter als das Arge zu vergessen, ist es, das Erfreuliche griffbereit zu bewahren. Dabei sind Aufzeichnungen und Gegenstände hilfreich. Ein Tagebuchblatt, eine Muschel vom Nordsee-Strand, eine gepreßte Dotterblume von einer Allgäuer Wiese, die Eintrittskarte von der van-Gogh-Ausstellung, ein Brief, ein Kiesel ... sie können den Schlüssel zur inneren Schatzkammer bilden.

Nichts, was dort aufbewahrt wird, geht verloren ...

... UND DIE UNENDLICHKEIT

*Die Welt ist groß,
besonders oben!*
  Wilhelm Busch

Kapitän Joshua Slocum war zu seiner Zeit ein weltberühmter Mann, denn ihm gelang es im Jahre 1895, allein in einem Segelboot den Erdball zu umrunden. Drei Jahre segelte er dahin, von Abenteuern geschüttelt, von Gefahren umtost, bald der glitzernden Meeresstille, bald den rasenden Meeresstürmen ausgeliefert.

Allein in seinem winzigen Boot und doch nicht allein. Sigismund von Radecki ergänzt den Satz mit einer feinsinnigen Bemerkung: »er war zusammen mit seinem Boot *und der Unendlichkeit.*«

Ist diese abenteuerliche Situation des wackeren Amerikaners nicht unser aller Situation? Im Alter noch deutlicher als früher? Das kleine Boot unserer Existenz, dieser schmale karge Lebensraum inmitten einer endlos sich ausdehnenden Weite, einer endlosen Unermeßlichkeit.

Zählt man die Zeit unseres Lebens nach Jahren, Tagen, Stunden — nicht allzu viel will's scheinen. Doch diese von Uhr und Kalender gemessene Zeit ist eingebettet in eine Ewigkeit, grenzenlos, endlos, unermeßlich sich jenseits der Zeit weitend.

Ein Leben, das nur das Zeitliche kännte, wäre von vernichtender Unbedeutung. Die nächste Welle verwischte die Spur der Erdentage im Sand. Doch diese Spannung Zeit - Ewigkeit, Menschliches - Göttliches, Schicksal - Gnade macht noch das unscheinbarste, bescheidenste Leben zu einem gewaltigen Abenteuer.

Wer nur in der jeweiligen Stunde lebte, wäre eine Schnecke in ihrem Gehäuse. Doch die Stunde öffnet sich ins Unendliche hinein und wie der Schiffer aus dem Guckloch seiner Kajüte ins Unendliche blickt, hält jede Stunde uns den Aufblick ins Unendliche offen.

So eng das Boot, so wild die Wogen — immer und überall ist es möglich: »Zu dir, o Gott, erheb ich meine Seele!«

*Schließlich gehen die Menschen,
und Gott bleibt.*

Vinzenz von Paul

VOR ALLEM – NACH OBEN!

*Je älter man wird, um so mehr wächst
in einem die Neigung, zu danken.*

Martin Buber

Welch ein Antlitz war da plötzlich auf dem Bildschirm zu sehen, als das Fernsehen seinerzeit aus der Frankfurter Paulskirche die Überreichung des Friedenspreises des Deutschen Buchhandels an Martin Buber, den jüdischen Religionsphilosophen und Bibelübersetzer, übertrug!

Das war das Antlitz eines Weisen! Eines Propheten ohne Zorn, eines Wissenden ohne Bitterkeit, eines Erfahrenen ohne Verzweiflung, eines Gläubigen ohne Angst. Obwohl von fragender, prüfender Wachheit, leuchteten diese Augen sanft und gütig aus dem milden, von einem Großvater-Bart umrahmten Angesicht.

Vielleicht gibt der oben zitierte Satz das Geheimnis dieses reifen Lächelns preis, das trotz Verfolgung, Auswanderung und innigster Anteilnahme am herzzerreißenden Schicksal seines jüdischen Volkes — von solch zart-sensiblem Gemüt und Gewissen dreifach schmerzlich erlebt — eine höchst vertrauen-erweckende Menschenfreundlichkeit ausstrahlte.

Mancher stirbt jung. Ihm bleibt viel erspart an Bösem und Argem. Doch auch viel versagt an Schönem und Gutem. Andere werden alt. Ihnen wird vieles zuteil an Bösem und Argem, doch auch an Schönem und Gutem. Wie immer sich Minus und Plus in einem solchen langen Leben verteilen mögen — eine *Möglichkeit* des Reifens bieten beide, bietet alles. Und dies verdient Dankbarkeit.

Freilich braucht Dankbarkeit eine Adresse. Sie ist »empfangsbedürftig«. Wohl dem, der wie Martin Buber, der gläubige Jude, seinen Dank zu richten weiß: »Vor allem nach oben. Das Leben wird ja nun, so stark wie es nie zuvor möglich gewesen wäre, als eine unentgeltliche Gabe empfunden und gar jede restlos gute Stunde nimmt man wie ein überraschendes Geschenk mit ausgestreckten, dankbaren Händen entgegen.«

Martin Buber schreibt dies in einem Dankesbrief an Theodor Heuss, der ihm zum 85. Geburtstag gratuliert hatte. Und er fährt fort: »Sodann aber verlangt es einen mal um mal, seinem Mitmenschen zu danken, selbst wenn er nichts Besonderes für einen getan hat. Wofür? Dafür, daß er mir, wenn er mir begegnete, wirklich begegnet ist; daß er die Augen auftat und mich mit keinem anderen verwechselte; daß er die Ohren auftat und zuverlässig vernahm, was ich ihm zu sagen hatte; ja daß er das auftat, was ich recht eigentlich anredete, das wohlverschlossene Herz.«

VOM SINN DER KRANKHEIT

Ich glaube, daß die Krankheiten Schlüssel sind,
die uns gewisse Tore öffnen können.
Denn ich glaube, es gibt gewisse Tore,
die nur die Krankheit öffnen kann.

André Gide

Als ich nach dem Besuch im Krankenhaus durch die herbstliche Allee dem Bahnhof zuging, überdachte ich noch einmal die eben erlebte Stunde am Bett des schwerkrank darniederliegenden Freundes.

Ich kannte ihn schon lange. Doch *so* hatte ich ihn nicht gekannt. Da war nun eine Ruhe, eine Gelassenheit, eine Reife, ja eine Klarheit in seinem Wesen spürbar, die ich nie an ihm beobachtet hatte. Seine Gesichtszüge, jetzt durchgeistigt, leuchteten geradezu von dieser Klarheit.

Obwohl unser Gespräch durchaus alltäglicher Art blieb, hatte ich doch den sicheren Eindruck gewonnen: Er war weitergekommen. Er hatte einen Vorsprung gewonnen. Was hinter ihm lag, das hatte ich noch vor mir ...

Qualvolle Tage, schlaflose Nächte — wer wollte wagen, die Schmerzen und Nöte der Krankheit zu verharmlosen, zu verfälschen? Ist aber nicht auch das Opfer eine Sache des Leids und ist es nicht gerade das Opfer, das befreit? Ist nicht alles Hervorbringen mit Leid und Schmerz verbunden? Wird nicht alles neue Werden durch ein Vergehen des alten erkauft?

Daß Krankheit nicht nur eine Betriebsstörung im Organismus ist, sondern eine heilsame (in des Wortes eigenstem Sinn) Erschütterung und Öffnung des ganzen Wesens sein kann — die Kulturgeschichte beweist es: »Überall begegnen wir der mehr oder minder deutlichen Empfindung, daß der Kranke sich in einer gesegneteren, erleuchteteren, lebensträchtigeren Verfassung befinde, daß er eine höhere Lebensform darstelle als der Gesunde.

... Jeder Fortschritt in der Richtung der Vergeistigung stellt im Grunde ein Krankheitsphänomen dar... Am ›gesündesten‹ ist zweifellos die Amöbe« (Egon Friedell).

Gilt dies schon von der Krankheit im allgemeinen, so erst recht von einer, die im Schatten des Kreuzes angenommen wird. Nahezu alle Berichte von Heiligen weisen auf solche »Heim-suchungen« hin.

Ist es schon ein Segen der Krankheit, daß sie uns in die Nähe des Herrn bringt: »Sieh Herr, den du lieb hast, der ist krank« — so läßt sich wohl über den Sinn der Krankheit nichts tieferes ergründen als das Wort des Herrn: daß erst im Vergehen das Weizenkorn fruchtbar wird.

Leid ist ein Heiligtum,
in dem Gott mit dem Menschen
allein sein will.
Julius Schieder

»Sieh, Herr, den du lieb hast, der ist krank!«

Du bist nur krank, weil deine Seele gesund, dein Gewissen stark werden sollen: Seele und Gewissen des Kranken brauchen nicht krank zu sein. Reinhold Schneider

☆

Wer lange krank ist, empfindet manches allzu leicht als Vernachlässigung, Zurücksetzung und Kränkung, was ganz normale Entwicklung ist. Zum Beispiel: daß er vielen Menschen, die er nicht mehr sieht, aus dem Gedächtnis entschwindet, daß man sich weniger mit ihm beschäftigt, wenig Interesse für die winzigen Gegebenheiten seines Daseins zeigt. Oder daß alle Menschen seiner Umwelt, selbst die nächsten und liebsten, die ihn pflegen, für ihn leben, von denen er lebt, den Hauptteil und das Schwergewicht ihres Lebens schließlich anderswo haben und haben müssen als in einem Krankenzimmer. Ida Friederike Görres

☆

Ich habe es sehr deutlich bemerkt, daß ich oft eine andere Meinung habe, wenn ich liege, und eine andere, wenn ich stehe. G. C. Lichtenberg

☆

Ich hab ein Wort gefunden,
Dafür will ich Dir danken:
Du suchst nicht den Gesunden,
Du bist ein Arzt der Kranken.
Rudolf Alexander Schröder

☆

Die Nerven sind schändliche Biester, zu denen Gott gesagt hat wie zu Satan im Buche Hiobs: »Plag ihn, schlag ihn, zehre ihm das Fleisch von den Gebeinen, aber über sein Leben sollst du keine Macht haben.« Annette von Droste-Hülshoff

WEHRET DER SCHWERMUT!

Ich lobe mir den heitern Mann
am meisten unter meinen Gästen.

Goethe

Damals, vor etwa vier Jahrhunderten, durften in der polnischen Stadt Lublin die Juden nur außerhalb der Stadtmauer wohnen. Um so enger schlossen sich die Bedrängten um ihren verehrten Rabbiner zusammen.

Einigermaßen erstaunt bemerkten sie, daß dieser Rabbi besonders gern den Besuch eines Mannes empfing, der keineswegs im Ruch besonderer Tugend stand. Ganz im Gegenteil!

»Rabbi, wie könnt ihr nur einen solchen Sünder bei euch dulden?« fragten ihn die Frommen.

Und das war seine Auskunft: »Ich weiß, was ihr wißt. Aber was kann ich tun? Ich liebe die Freude und hasse die Trübsal. Und dieser Mann ist ein so großer Sünder: sogar unmittelbar nach der sündigen Tat, wo doch sonst alle — und sei es auch nur ein Weilchen — zu bereuen pflegen, widersteht er der Schwermut und ist fröhlich. Und seht, diese Freude, die zieht mich an.«

Ob daraufhin das Kopfschütteln aufgehört hat — ich weiß es nicht. Und Martin Buber, der in seiner chassidischen Chronik diese Geschichte berichtet, meldet auch nichts weiter. Aber mir scheint, der Rabbi hat recht, die Schwermut zu bekämpfen.

Gewiß, es gibt eine Traurigkeit, die uns läutert. Es gibt Tränen, die den Blick klar machen. Aber es gibt auch eine den Mut lähmende, das Gemüt verdüsternde Melancholie, eben diese Schwermut.

Von ihr sagte jener Rabbi sogar: »Sie schadet dem Dienste Gottes mehr als die Sünde. Um was der Satan sich so müht, ist nicht die Sünde des Menschen, sondern seine Schwermut darüber, daß er wieder gesündigt hat und von der Sünde nicht loskommt. Da hat er die arme Seele dann im Netz der Verzweiflung eingefangen. Darum halte dir die Schwermut fern.«

Hätt' ich's von einer christlichen Kanzel zu verkünden, würde ich hinweisen auf Petrus, der den Herrn verleugnete, und auf Judas, der den Herrn verriet. Beide sündigten. Doch wie verschieden waren die Folgen! Judas verzweifelte in Schwermut. Petrus rettete sich in vertrauende Liebe.

Wir machen unser Kreuz und Leid
Nur größer durch die Traurigkeit.
                    Kirchenlied

WER WAGT SCHON EIN URTEIL?

Man darf nur alt werden, um milder zu sein;
ich sehe keinen Fehler begehen,
den ich nicht auch begangen hätte.

Goethe

Unter den vielen Lobesworten, die Werner Bergengruen zuteil geworden sind, hat ihn keines so erfreut wie dieses: sein Werk sei von »männlicher Milde«.

In dieser Bewertung wird eine Reife anerkannt, die dem Alter wohl ansteht. Der junge Mensch kennt weder sich noch die Welt genug, um neben Abel auch Kain, um neben Kain auch Abel zu sehen. Sein Weltbild ist deshalb bald zu pessimistisch, bald zu optimistisch.

Ein durch Erfahrung klug gewordenes Alter läßt realistisch urteilen. Ein durch Selbstkritik bescheiden gewordenes Alter gesteht sich ein, daß vieles, was einen bei anderen stört, einem selber nicht anders geraten wäre — wenn die Verhältnisse, die Gelegenheiten, die Weichenstellungen eben so anders gewesen wären.

Daß Enkel sich mit den Großeltern meist besser verstehen als mit den Eltern liegt wohl zunächst an der naturgebundenen Spannung zwischen den einander unmittelbar folgenden Generationen — denn die Jungen müssen flügge werden, müssen Abstand gewinnen, um selbständig zu werden. Doch spielt sicher auch dies eine Rolle dabei, daß der Alternde durch Erfahrung seiner Grenzen bescheiden geworden, eher geneigt ist, Fehler und Dummheiten auch bei anderen zu verstehen und zu verzeihen.

Härte des Urteils, Verständnislosigkeit gegenüber Schwächen, Unversöhnlichkeit nach Enttäuschungen sind immer übel — doch besonders abstoßend bei alten Menschen.

Je näher man seinem eigenen Richter kommt, desto gewissenhafter sollte man die biblische Verheißung beherzigen, daß wir nach dem Maß gerichtet werden, das wir selber bei anderen angewandt haben.

Der Jugend wird oft der Vorwurf gemacht,
sie glaube,
daß die Welt mit ihr erst anfange.
Aber das Alter glaubt noch öfter,
daß mit ihm die Welt aufhöre.

Friedrich Hebbel

BERGAN

*Unzugänglich schien der Gipfel,
Jetzt begehn wir ihn so leicht.*

Hans Carossa

Lady Astor, eine gescheite Engländerin, gestand an ihrem achtzigsten Geburtstag: »Ich habe immer Angst gehabt vor dem Alter, weil ich dachte: dann kannst du das und das und das nicht mehr tun. Jetzt, wo ich alt bin merke ich, daß ich das und das und das gar nicht mehr tun will.«

Eine beherzigenswerte Beobachtung. Anders als aus der Ferne sieht sich der Berg in der Nähe an. Wo man aus der Ferne nur eine steile, unzugänglich scheinende Wand gesehen hat, zeigte sich im Näherkommen ein allmählich ansteigender Hang. Und steht man dann am Fuß des Berges, erkennt man den Pfad. Mag das Steigen auch anstrengend und das Schnaufen etwas mühsam sein — es geht nach oben.

Wer da in jungen Jahren Nächte hindurch getanzt oder stundenlang leidenschaftlich Fußball gespielt hat, konnte sich damals gar nicht vorstellen, wie das wäre, wenn er darauf verzichten müßte. Doch: kommt Zeit, kommt Rat. Was früher lebensnotwendig schien, wird von diesem anders gewordenen Leben nicht mehr entbehrt. Und andererseits wird, was früher langweilig, stumpfsinnig, trübselig schien, auf der Feierabendbank des Lebens interessant und dankenswert: die Stille, die Ruhe, die Hinwendung zum Wesentlichen.

Allzu steil schien aus der Ebene der Aufstieg. Doch siehe, schon dürfen wir's erfahren, was das heißt: Gipfelglück.

Am Abend, Freunde, dämmert Morgen
In die Fremde, die dein Haus gewesen.

Hier bist du kümmerlich geborgen,
Eh' dich zweite Frühe lehrt zu lesen.

Nicht, was ich halbgetan, verlasse.
Aber Gottes Korn samt Mohn und Rade

Ermuntern, daß mein Herz erfasse
Unerkannt anwesendes Gestade.

                                        Joseph Bernhart
                                        (am 80. Geburtstag)

LOB DER GEDULD

*Ich lerne es täglich, lerne es unter Schmerzen,
denen ich dankbar bin: Geduld ist alles.*
                                    Rainer Maria Rilke

Viel kann man von der Jugend verlangen. *Eines* nicht —
nämlich: Geduld!

Sie ist die Tugend des reifen, erfahrenen Menschen. Sie ist die Schwester der Gelassenheit. Sie ist die schwerste Art von Tapferkeit. Denn sie ist nicht befeuert von ungestüm drängender Dynamik, nicht beflügelt von Schwung und Elan, nicht herausgefordert von bedrohender Gefahr.

Still, abwartend, leise, unbemerkt, oft unbeweglich gleicht sie eher einer Passivität, die sich nicht aufzuraffen vermag. Manchmal wird sie geradezu mit Trägheit verwechselt.

Sie ist nicht selbstbewußt, nicht tatendurstig, kennt nicht den Impetus der auf Minuten oder Stunden zusammengepreßten Kühnheit, nicht den stürmischen Stoß des Angriffs, nicht den überraschenden Auftritt der Verwegenheit.

Im Gegenteil: Sie bewährt sich im bescheidenen, leisen Durchhalten, in langen Zeiträumen, in endlosen Nächten der Schlaflosigkeit, in stummem Ertragen der schmerzvollen Krankheit, in der unermüdlichen Treue der Vernachlässigten, in der tränenlosen Traurigkeit der Verkannten, der Vereinsamten, der Verwelkenden.

Nie gerät sie in den Lichtkegel der öffentlichen Scheinwerfer, nie in die Ruhmeshallen der Helden, oft wird sie nicht einmal von den Nahen und Nächsten erkannt, geschweige denn gewürdigt.

Der Gatte einer nervenkranken Frau, der Tag um Tag ihre Ausbrüche und Unberechenbarkeiten hinnimmt... der Patient, der Nacht um Nacht seine Schmerzen und Trostlosigkeit erträgt... die Ehefrau eines Trinkers, die Jahr um Jahr allen Enttäuschungen und gebrochenen Versprechungen zum Trotz ihm zugetan bleibt... der alte Mensch, der seine Kümmernisse und Bitterkeiten verschweigt, um niemand auf die Nerven zu fallen — sie alle leisten eine Tapferkeit, die in ihrer zähen Dauer und stillen Bescheidenheit größer ist als die der gefeierten Sieger.

Ja eigentlich sind es die Geduldigen, die diese Erde bewohnbar machen!

SIND WIEDER-HOLUNGEN MÖGLICH?

*... daß wenn der Sommer längst verweht,
das Leuchten immer noch besteht.*

Goethe

Keiner steigt zweimal in denselben Fluß. Das behauptete bereits vor langer, langer Zeit der griechische Philosoph Heraklit. Gemeint ist natürlich das Flußwasser. Rhein bleibt Rhein. Doch seine Wellen verströmen.

Soll man sie also nochmals besuchen, die altvertrauten Stätten, wo sich damals das Unvergeßbare ereignet hat? Der Ort könnte noch derselbe sein. Doch die Zeit ist eine andere.

Soll man ein Wiedersehen herbeiführen mit den alten Freunden, die einem damals so viel bedeutet haben? Namen und Wesen werden dieselben sein. Doch ihre Erfahrungen und Wandlungen sind den unseren kaum parallel verlaufen.

Der in Herzenssachen sehr kenntnisreiche französische Dichter Honoré de Balzac rät von solchem Wiedersehen entschieden ab. Denn was in der Vergangenheit so herrlich geblüht hat, sei inzwischen sicher welk geworden. Enttäuschungen seien deshalb unausbleiblich.

Dennoch: Wer sich bewußt bleibt, daß genaue Wiederholungen einfach unmöglich sind, weil alles sich verändert, wir selber auch ... wer also nicht mit falschen Erwartungen ein solches Wiedersehen, Wiederbegegnen wagt ... wer von vornherein sich bescheidet im Bewußtsein, daß der Satz »Es *war* doch so schön!« Vergangenheit meint ... der kann in solchem Aufsuchen des »Damals und dort« einen Abglanz verglühten Leuchtens entdecken:

»Was vergangen, kehrt nicht wieder,
ist entrückt dem Augenblick.
Aber ging es leuchtend nieder,
leuchtet's lange noch zurück.«

Sicherer freilich ist es, sich zu begnügen mit dem »Weg nach Innen« — also mit der Erinnerung.

Als die treue Haushälterin des sensiblen französischen Dichters Marcel Proust ihn eines Tages gefragt hatte, ob er nie wieder nach Illiers, also an die Stätte, wo er so glückliche Stunden erlebt hatte, zurückgekehrt sei, hatte Proust ihr geantwortet: »Nein, niemals!«

»Und warum nicht, Monsieur?«

»Weil man die verlorenen Paradiese nur in sich selbst wiederfindet.«

*Ich habe mein halbes Leben
in unfruchtbarem Heimweh
nach meiner Jugend verbracht...
Jetzt gehe ich andere Wege.*

Hermann Hesse
1919 an Ludwig Finckh

IM ABSEITS?

*Wenige Leute verstehen,
alt zu sein.*

F. de La Rochefoucauld

»Aber er sah nur den Verlust seiner Arbeitskraft.« So erklärt ein sachkundiger Autor den Selbstmord des erfolgreichsten amerikanischen Schriftstellers Ernest Hemingway.

Der Nobelpreisträger war ja nicht nur als Verfasser berühmter Werke äußerst erfolgreich. Der gut aussehende, hünenhafte Mann erschien als Idealtyp eines modernen Helden, der Frauen wie Löwen besiegte und dessen berstende Vitalität sich am liebsten in Gesellschaft von Stierkämpfern, Boxern und Großwild-Jägern austobte.

Doch dann — in seinen Fünfziger-Jahren — war dieses verschwenderisch gelebte Leben auf einmal ausgelebt. Die strotzende Gesundheit verfiel. Der ehedem bis zur Tollkühnheit gesteigerte Mut wich einem beängstigenden Verfolgungswahn. Was er so oft von den Croupiers am Roulette der Casinos gehört hatte — nun schien es ihm für sein Leben und — schlimmer! — für sein Schreiben zu gelten: Rien ne va plus — Nichts geht mehr.

Jetzt rächte sich eine Weltsicht, die nur die vollsaftige Daseinsfreude und die kraftvolle Leistung gelten lassen wollte. Ohne sie schien das Leben nicht mehr lebenswert.

Obwohl er von seiner Kindheit sagen konnte, sie sei glücklich gewesen, obwohl die Jahre des Mannes ihm eine überreiche Ernte an Bewunderung eingetragen hatten — für die jetzt entstandene Leere blieb nichts, sie auszufüllen. Ohne Gesundheit schien ihm dieses Leben nicht mehr erträglich. Ohne Leistung schien es ihm wert- und sinnlos zu sein. Ein auf Mäßigung und Verzicht reduziertes Leben zu führen, es als neue, wahrlich nicht leichte Aufgabe anzugehen — dafür war er nicht vorbereitet.

An einem Sommermorgen setzte er seinem Leben (1899—1961), das ihm nicht mehr lebenswert vorkam, mit einem Gewehrschuß ein gewaltsames Ende...

Wir haben das Leben zu überstehen;
aber die einzige Art,
damit fertig zu werden, ist:
daß man es liebt.

Georges Bernanos

IN DER ZERREISS-PROBE

*Als ich die Sprache verlor,
hab ich die Sprache gefunden.*

Ernst Ginsberg

Ein Leben ohne Arbeitsleistung — ist es lebenswert?

Lassen wir die Antwort uns nicht von abstrakten Theorien oder harmonie-seligen Lyrismen geben, sondern von einem Mann, der seine Glaubwürdigkeit aus erlittenem Kampf und erstrittenem Sieg bezieht.

Ernst Ginsberg, der berühmte Schauspieler stand auf dem Höhepunkt seiner Karriere, als den 59jährigen (1963) die unheilbare Krankheit überfiel. In einem langsamen, qualvollen unaufhaltsamen Siechtum (Lateralsklerose) sah er sich zunächst an die Krücken, dann an den Rollstuhl, dann ans Krankenbett gefesselt.

»Das äußere Handwerkszeug des Schauspielers — Arme, Beine und Stimme — sind mir genommen. Aber Kopf und Herz sind gesund und haben die Kraft, für alles, was mir im Leben in so reichem Maße geschenkt worden ist, Dank zu sagen. Nichts als Dank!

Als mir vor vier Jahren meine Frau von Gott genommen wurde, war ich fest entschlossen, in ein Kloster zu gehen. Viele Monate habe ich mich um eine Aufnahme bei verschiedenen Benediktiner-Klöstern bemüht. Aber die Weisheit der über mein Gesuch entscheidenden Oberen wies mich auf die freundlichste Weise ab. Ich gehörte in meinen Beruf, so erklärten sie, und mich treibe nicht die Freude, sondern die Trauer ins Kloster. Es sei ein Fluchtversuch, zu dem sie nicht ihre Hand bieten dürften. Wie recht hatten sie! Heute habe ich eine unerwartete Form fast klösterlichen Lebens gefunden, die mir offenbar bestimmt war. Sie ist von strengerer Observanz, als ich es mir je hätte träumen lassen.«

Daß seine Hoffnung — wie jede Hoffnung! — durch einen Glauben begründet war, hat Ernst Ginsberg seit seiner Konversion zur katholischen Kirche immer wieder inständig beteuert: »Versuche ich mir eine Welt ohne Kirche vorzustellen, so ist es, als wenn alles grau würde und die Farben des Lebens verlöre... Ich bekenne mit Dankbarkeit, daß der Glaube die Freude, das Glück, der Trost und der Segen meines Lebens und des Lebens der Meinigen gewesen ist und daß ich in den Tagen, in denen ich dieses schreibe, die letzte Bestätigung und Stichhaltigkeit dieses Glaubens erfahren durfte: Angesichts des Todes, dem mich eine schwere Lähmungskrankheit entgegenführt, die für einen Ungläubigen nur mit einer Tat wie der Hemingways zu beenden wäre, die der Glaube im Hinblick auf das Kreuz zu ertragen vermag.«

Das Geheimnis des Leidens ist nicht tiefer als das Geheimnis der Freiheit zum Lobe Gottes im Feuerofen.
                              Joseph Bernhart

MENSCH BLEIBT MENSCH

Alte Leute behandelt man so,
als ob sie keine Wünsche hätten.

J. Galsworthy

Solange das Herz lebendig bleibt und das Blut durch die Adern treibt, solange der Magen Hunger verspürt und die Hände sich ausstrecken, andere Hände zu suchen, zu finden, zu ergreifen; solange ein Mensch menschlich fühlt — solange ist er nicht davor geschützt, auch allzumenschlich zu sein.

Gewiß, die Temperaturen des Herbstes sind nicht mehr die des Sommers, doch die Stürme des Herbstes können nicht weniger heftig sein als die des Frühlings.

Zwar behauptet Wilhelm Busch augenzwinkernd »Die Alten sind jetzt tugendlich, Gottlob, die haben's hinter sich.« Doch wer in Buschs Büchern blättert, findet der Beispiele genug, daß Alter keineswegs vor Torheit schützt.

Natürlich sind die Menschen verschieden. Mag für die einen der lakonische Satz gelten: »Als David kam ins Alter, / da sang er fromme Psalter« — so werden andere keineswegs dem Spruch zustimmen: »Zu alt, um ohne Wunsch zu sein.« Herbstfeuer sind nicht weniger gefährlich als Sommerbrände ...

Weisheit hin, Gelassenheit her — als Goethe mit 74 Jahren zur Kur in Marienbad weilte, begegnete ihm Ulrike von Levetzow, ein Mädchen, dessen Mutter er vor fünfzehn Jahren geliebt und verehrt hatte. Zunächst neckte er väterlich das »Töchterchen«, dann aber entbrannte er so ungestüm in jäher Leidenschaft zu der Neunzehnjährigen, daß er nur mühsam seiner Verzweiflung Herr wurde, indem er die »Marienbader Elegie« zu Papier brachte: »Mich treibt umher ein unbezwinglich Sehnen, / Da bleibt kein Rat als grenzenlose Tränen.«

Für seine Lebenserinnerungen hat Goethe als Motto das Wort des griechischen Dichters gewählt: »Der Mensch, der nicht geschunden wird, wird auch nicht erzogen.« Und je älter er wurde, desto deutlicher bekannte er, daß Reifwerden sich nicht trennen läßt von Verzicht und Entsagung.

*Die Größe des Menschen ist groß,
weil er sich als elend erkennt.*

Blaise Pascal

DENK ES, O SEELE!

Das Jahr kennt seinen letzten Tag;
Du kennst deinen nicht.

E. Kästner

Wenn ich ihn kennen würde, den Tag meines endgültigen Abschieds von Menschen und Erde und Zeit — was wäre dann anders in meinem Leben?

Gewiß würde ich die noch verbleibende Zeit als eine Kostbarkeit schätzen, die täglich kostbarer wird, denn sie ist der ständig enger werdende Raum meines Atmens, meines Tuns, meines Daseins.

Ich würde Tag und Stunde in ihrem wachsenden Wert würdigen und angesichts eines immer näher herandrängenden Endes immer gewissenhafter unterscheiden nach seiner Wichtigkeit für das Nachher: was kannst du noch tun? was sollst du noch tun? was mußt du noch tun?

Ich würde meine Dinge so ordnen, daß keine Verlegenheit und keine Verwirrung entstünde, wenn meine Hand und mein Sinn nicht mehr eingreifen, nicht mehr mitwirken, nicht mehr entscheiden können. Denn keiner weiß ja so genau wie ich, was das einzelne meiner Hinterlassenschaft bedeutet.

Ich würde diesem Ende entgegengehen wie einem Ziel, das einen Weg vollendet — denn ein Gehen ohne Ziel wäre ja nichts als eine Fahrt ins Blaue gewesen, vielleicht unterhaltend, ansonsten aber sinn-los.

Ich würde mich ernsthaft bereiten auf Fragen, die mich in Scham und Reue erglühen lassen, ohne doch nur einen Augenblick zu vergessen, daß, der mich fragen wird, größer ist als mein Herz und alles weiß, viel besser als ich. Ja, ich würde, nachdem ich Menschen begegnen durfte, deren Barmherzigkeit größer war als ihre Gerechtigkeit, mein ganzes Vertrauen darein setzen, daß alle so dankbar empfundene Liebe von Mensch zu Mensch nur ein matter Abglanz der unsagbar tiefen Liebe war, die mich jenseits der Schwelle erwarten wird.

Wenn ich sie kennen würde, diese Stunde des endgültigen Abschieds!

Ich kenne sie nicht — doch da sie von Sekunde zu Sekunde näher kommt, was hindert mich, hier und heute so zu handeln, als wüßte ich jenes Wann und Wo und Wie?

Genügt nicht zu wissen: »Es *kommt* die Nacht, wo keiner mehr wirken kann!«

Jeder Augenblick ist kostbar!
Don Bosco

Jugebony 14.-14. 2015

SELBSTLIEBE IST KEINE LIEBE

*Lernen Sie, einerlei wo, einmal wirklich
zu dienen, wirklich sich hinzugeben,
wirklich an die Sache zu denken,
statt an sich selber.
Das ist der einzige Weg aus Ihrer
Einöde heraus.*

Hermann Hesse

Der diesen Rat geschrieben, hat die Einsamkeit gesucht und geliebt. Je älter Hermann Hesse wurde, desto schwerer fiel es ihm, an Menschen-Ansammlungen sich zu beteiligen. Sogar der Verleihung des Nobelpreises wich er aus und schickte seine Frau nach Schweden, den Preis aus der Hand des Königs entgegenzunehmen.

Die Stille seines abgelegenen Hauses und — mehr noch — die blühende Pracht seines Gartens waren ihm ein immer wieder neu erlebtes Glück.

Daß Einsamkeit nicht Einöde sein muß, hat Hesse in Briefen und Gedichten oft bezeugt. Daß Einsamkeit aber Einöde sein kann, hat er in jungen Jahren schmerzlich empfunden.

Einöde ist die Einsamkeit dort, wo einer immer nur mit sich selbst beschäftigt ist. Wer nur sich selbst sucht, wird sich eher verlieren als sich finden. Und fände er wirklich sich selber, dann wäre das eben zu wenig.

Wer sein Interesse von sich selbst weg ableitet auf Sachen, auf Ideen, auf Personen, ist bereits auf dem Weg von sich selbst weg.

Freilich, einerlei ist es nicht, welche Ziele einer anpeilt. Ein kluger Mann sagte einmal: »Kleine Seelen haben Wünsche, große Seelen haben Ziele.«

Briefmarken sammeln, Garten pflegen, Sport — wir wollen es nicht gering schätzen. Natur... Wissenschaft... Dichtung... Malerei... Musik... — welch beglückende Geschenke liegen hier bereit und harren eines hingebenden Interesses.

Doch was ließe sich vergleichen jener Liebe, die der Apostel im 13. Kapitel des ersten Korintherbriefes rühmt: Die Liebe, die nicht das Ihre sucht, die Liebe, die sich der Wahrheit freut, die Liebe, die Glaube und Hoffnung belebt und überlebt, denn nimmer wird sie enden. Sie überflügelt alles, was ein Leben reich und reif macht. In ihr ist die Einsamkeit völlig und endgültig zur Gemeinsamkeit geworden.

> *Geschäftigkeit ist gut,*
> *viel besser aber beten;*
> *Noch besser: Stumm und still*
> *vor Gott, den Herrn, zu treten.*
>
> Angelus Silesius

Anhaltspunkte

Es gibt erfülltes Leben trotz vieler unerfüllter Wünsche.
Dietrich Bonhoeffer

☆

Man steht wohl einmal am Ende des Lebens, immer aber am Anfang des Lebens.
Gerhart Hauptmann

☆

Nicht jeder Mensch kann alles zu Ende tun, aber zu Ende denken kann jeder.
Werner Bergengruen

☆

Ein Mensch, der keine Zeit hat, und das ist eines unserer Kennzeichen, kann schwerlich Glück haben.
Ernst Jünger

☆

Mit Vierzig fängt man an, das Wertvolle zu suchen, und mit Fünfzig fängt man an, es zu finden.
Thornton Wilder

☆

Solange es Tag ist, wollen wir den Kopf schon oben behalten.
Goethe

☆

Man sollte nichts wiedersehen, was man einmal geliebt hat. Es führt zu nichts als zu untröstbaren Schmerzen über das unwiederbringlich Verlorene. Wozu auch? Die Dinge sind nicht mehr dieselben und auch du selber bist nicht mehr derselbe. Sie wollen dich nicht wieder erkennen und du selbst erkennst sie kaum. Du magst ihnen noch so sehr zurufen: »Ich bin es doch, ich!« Sie antworten dir nur: »Wer bist du denn?«
Honoré de Balzac

GIBT ES AUSSICHTSLOSE FÄLLE?

*Er wußte, daß er sich nicht mehr
ändern konnte.*

                    Aus einem Roman

Niemals hätte sich jenes Geschäft zu einem solch imponierenden Betrieb entwickelt, wäre Herr Horn nicht ein so tüchtiger, erfolgreicher Verkäufer und Vertreter gewesen. Doch dann war das Unternehmen so bedeutend geworden, daß der Chef einen Voll-Juristen für notwendig hielt. Der kam, war fünfzehn Jahre jünger als Herr Horn und war bald dessen — Vorgesetzter.

Von da ab ging's mit Herrn Horn bergab. Er hatte den »Laden« satt. Krach im Büro. Krach daheim. Bierdosen. Schnapsflaschen. Tablettenröhrchen...

»Er wußte, daß er sich nicht mehr ändern konnte.« Dies ist der Kernsatz in dem modernen Roman, der Herrn Horns wachsende, ihn schließlich vernichtende Vereinsamung beschreibt...

Frage: Ist dieser Satz gültig? Läßt sich so etwas von einem Menschenleben sagen, da doch alles Lebendige der Veränderung fähig zu sein scheint?

Nun, wer Erfahrung hat mit Menschen — auch mit solchen guten Willens, wer Erfahrung mit sich selber hat — auch mit seinem zuweilen nicht guten Willen, wird gehemmt sein, jenen Satz zu verneinen. Kaktus bleibt Kaktus und wird nimmermehr eine Sonnenblume. Wer kann dem Gesetz entfliehen, unter dem er angetreten ist? Hat nicht selbst der Paulus des Römerbriefes aufgestöhnt: »Ich unglückseliger Mensch! Wer wird mich erlösen!«

Doch gerade dieser Paulus, der einst ein Saulus gewesen war, zeigt auch, wie radikal, wie total ein Mensch, wenn nicht sich, so doch sein Leben ändern kann — *wenn* er eben diese Änderung nicht »sich« zutraut, sondern einem anderen überläßt.

War nicht Johannes der Evangelist einst so cholerischen, jähzornigen Gemütes gewesen, daß er Feuer auf die ungastlichen Städte herab wünschte und vom Herrn selber, den Beinamen »Donnersohn« erhielt? Alt geworden, war er aber ein ganz anderer geworden — nicht mehr Zorn und Fluch kamen aus seinem Mund, sondern immer wieder die mild-sanfte Mahnung »Kindlein, liebt einander!«

Sich ändern — auch dem zähen, aufrichtigen Streben gelingt's nur spärlich. Doch wie sehr unser Wesen und unser Weg sich ändern lassen durch jenen, der Wasser in Wein verwandelt hat — jedes Heiligenleben bestätigt es! So fragwürdig also das stolze Wort des Dichters Stefan George bleibt: »Und Herr der Zukunft, wer sich wandeln kann!«, so wahr und wirklich wäre es, wenn es hieße: »Und Herr der Zukunft, wer sich wandeln läßt!«

An keinem Lebenden
hat man zu verzweifeln.
Augustinus

DIE REIFE-PRÜFUNG

Sei jedem Abschied voraus.
          R. M. Rilke

Vor mir im Stengelglas die Rose. Unbegreiflich dieses Wundergebilde aus Formen, Farben, Duft. Doch — nur für Tage und Stunden.

Am Abendhimmel ein wogendes Ineinander von orangegelben Wolken und kühl-silbernen Dämmerungen, durchblitzt von sprühenden, flammenden Lichtspeeren. Doch — nur noch einige Minuten.

Die Rose verwelkt im Herbst. Das Licht geht unter in Nacht. Wir wissen es und doch fällt es immer wieder dem Herzen schwer, sich damit abzufinden. Und noch schwerer ist es, sich von vornherein bereitzufinden für das unentrinnbare, unausweichliche, ständig sich näher heranschiebende Ende.

Ist das ganze Leben eine Reifeprüfung, so ist dies der Prüfung allerschwerste Aufgabe: bereit zu sein zum Abschied.

Und deshalb ergreifen wir die geliebte Hand um so inniger — wir wissen: sie wird sich lösen. Und deshalb sollten wir das Entzücken an der Gegenwart und ihren Geschenken um so dankbarer ins Herz einlassen — wir wissen: sie sinkt schon bald in die Vergangenheit. Und deshalb ist das Beisammensein in seinem inständigen »Noch« so kostbar und darf unter gar keinen Umständen gefährdet oder getrübt werden — gestorben wird immer allein.

Dieses Wissen läßt sich zeitweilig verdrängen, vernichten läßt es sich nicht. In der Stunde des Ernstfalls wird es die Unvorbereiteten überwältigen.

Freilich ertragen kann dieses Wissen um die Vergänglichkeit nur die Hoffnung. Sie allein besiegt die Versuchung zur Verzweiflung. Sie allein macht es der Liebe möglich, die Stunde zu überleben, wo Hand von Hand, Herz von Herz sich löst. Denn ihre Zuversicht lautet: »Alles Getrennte findet sich wieder.«

Keine Liebe kann endgültig den Abschied bejahen. Sie braucht es nicht. Gott sei Dank, sie braucht es nicht. Nicht die Liebe war vorläufig und die Trennung endgültig. Nein, umgekehrt. Die Trennung wird vorläufig sein und die Liebe endgültig: »Sie höret nimmer auf«. Kein Tod tötet die Liebe.

Dem Abschied voraus sein — der Glaube und die Hoffnung allein können dazu die Kraft geben, denn sie wissen: die Liebe überlebt, die Liebe überliebt jede Trennung.

»Die Rose welkt, Blatt sinkt um Blatt,
Der Abend löscht das Licht.
Was blüht und glüht, ein Ende hat,
Aber die Liebe nicht!«

»Geht alles hin, geht alles fort,
Einst sinkt auch dein Gesicht,
Stumm wird das Lied, müd wird das Wort,
Aber die Liebe nicht!«

WAS KEINER BEREUT

Liebe belebt.
      Goethe

»Ich habe es nie bereut, mich für die Liebe entschieden zu haben.« Dies war eines der letzten Worte der heiligen Therese von Lisieux. Und sie wiederholte dieses Wort mit königlicher Sicherheit.

Wer auf sein Leben zurückblickt am Ende seiner Tage, wird manches zu bereuen haben. So wer sich für das Geld entschieden hat. Oder für den Genuß. Oder für den Erfolg.

Nie wird bereuen, wer sich entschieden hat für jene göttliche Tugend, die bleiben wird, wenn der Glaube zum Schauen, wenn die Hoffnung zur Erfüllung gereift ist. Von der Liebe gilt: »sie hört nimmer auf«.

Lieben und Leben gehören zusammen. Aus der Liebe wächst das neue Leben, sie trägt und hegt und pflegt das Leben und erweist sich schließlich von Seele zu Seele stärker als der Tod.

Sie wiederholt immer wieder das schöpferische Ja, das Gott zu seiner Schöpfung spricht. Was Gott geschaffen: »es werde!« dazu sagt sie, inniger Ehrfurcht und Dankbarkeit voll: »Es sei! Es sei!«

Gegenüber dem Geist, der stets verneint, ist sie die Macht, die stets bejaht. Sie reicht der dürstenden Blume Wasser und sie zertritt nicht den krabbelnden Käfer.

Sie spricht über die vereinten Hände des Brautpaars den Segen und sie baut der wachsenden Familie das behagliche Nest. Zum kommenden Kind sagt sie »Willkommen!«, wie sie später Willkommen sagt, wenn der verlorene Sohn oder die verirrte Tochter heimkehrt.

Dem Liebenden widerfährt das Wunder: Je mehr er gibt, desto mehr wird er empfangen. Spätestens einst, wenn am Ziele unseres Erdenweges uns erwartet: die heilende, verzeihende, versöhnende, barmherzige, die ewige Liebe, und erneut zu uns sagt: Willkommen, und erneut Ja sagen wird zu unserem Leben, das kein Tod mehr töten wird.

Die Lieb ist unser Gott,
es lebet alles durch die Liebe:
Wie selig wär' ein Mensch,
der stets in ihr verbliebe.

Angelus Silesius

VOM SEGEN DES GEBETES

*Das Gebet ist der Schlüssel des Morgens
und der Riegel des Abends.*
  Mahatma Gandhi

Schlaf ist dem Willen nicht untergeordnet. Er ist ihm geradezu entgegengesetzt. Denn wenn der Schlaf da ist, ist der Wille ausgeschaltet. Daher wird man immer nur wacher, je mehr man den Schlaf willentlich herbei zwingen möchte.

Zwar können pharmazeutische Mittel vom Körper her beruhigend, wenn nicht betäubend auf uns einwirken. Im Gehäuse unseres Leibes wird sozusagen das Licht gelöscht. Ob die Seele darin dadurch zur Ruhe kommt, ist recht fraglich.

Wo aber ein Mensch mit dem Psalmisten vertrauensvoll spricht: »Meine Schläfen ruhen, mein Gott, in deinen Händen«, dort ist's der Geist, der sich von Lärm und Wirbel, von Sorgen und Pflichten des Tages abwendet, um einen Frieden in sich einzulassen, wie ihn die Welt nicht geben, aber auch nicht nehmen kann. Ein Frieden, in dem die Widersprüche sich in Ergebenheit lösen und Schuld sich in Gnade wandeln läßt... Von der Seele her wird sich dieser Friede beruhigend den aufgeregten Nerven und Sinnen mitteilen.

So führt uns das Gebet am Morgen in den Tag hinein und am Abend aus dem Tag heraus.

Und was vom Abend des Tages gilt, das gelte einst auch für den Abend des Lebens.

IHR LIEBEN GROSS-ELTERN!

Ich gelangte zum Unglauben, nicht durch die Konflikte der Dogmen, sondern durch die Gleichgültigkeit meiner Großeltern.

Jean Paul Sartre

Diese Erklärung im Lebensbericht des französischen Atheisten muß nachdenklich stimmen. Da alle Psychologen sich darin einig sind, daß die frühesten Kindheitserlebnisse weithin prägend sind für unser Weltbild, ist von entscheidender Wichtigkeit, welcher Art die Menschen sind, denen unsere erste Verehrung, unser erstes Vertrauen, unsere erste Nachahmung gewidmet ist.

Sind diese Respektspersonen völlig uninteressiert an Gebet, Gottesdienst, Sakrament, wird sich das stil-bildend im Leben der Kinder auswirken. Doch auch wo diese Respektspersonen zwar vorgeben, religiös zu leben, aber nicht zu überzeugen vermögen, kann bei den Nachwachsenden daraus Konflikt und Kontrast entstehen, so daß sie sich aus Trotz und Protest dann von solchen religiösen Attrappen und Masken abwenden.

Freilich kann auch ein überzeugend gelebter Glaube die Nachfahren nicht unbedingt vor Glaubensschwierigkeiten, Glaubensnot, Entfremdung oder Entfernung vom Glauben schützen. Kein Zweifel, daß der Vater des Verlorenen Sohnes ein guter rechtschaffener Mann war. Dennoch verließ der Sohn das Vaterhaus. Aber — er wußte den Heimweg.

Mag die Zeit vielerlei Schichten auf die frühen Kindheitseindrücke schütten — in Stunden der Verwirrung, der Verstörung, der Verzweiflung wird die Erinnerung sich einstellen, wie die Eltern und Großeltern im Glauben, Hoffen und Lieben mit den Schwierigkeiten fertig geworden sind. Das aber wäre dann die rettende Hilfe.

Know how — wissen *wie* — das ist nicht nur in der Technik notwendig. Auch das Leben braucht seine Gebrauchsanweisungen.

Die Großeltern von Sartre konnten nicht ahnen, welch verhängnisvolle Wirkung ihre religiöse Gleichgültigkeit auf ihren Enkel ausübte. Verhängnisvoll? Ja, denn im selben Lebensbericht bekennt Sartre: »Atheismus ist ein grausames und langwieriges Unterfangen. Ich glaube, ihn bis zum Ende betrieben zu haben.«

Soll ich dir kurz sagen,
was Gott ist? —
Es findet keinen Frieden,
wer sich von ihm getrennt hat.
          Katharina von Genua

DIE PERLE

*Was dem Herzen sich verwehrte,
Laß es schwinden unbewegt!*
                          Werner Bergengruen

»Meister, was muß ich tun, um vollkommen zu werden?« hatte der junge Mann den Herrn gefragt.

»Halte die Gebote!«

»Das hab ich getan!«

Und nun geschah, was allemal geschieht, wenn sich einer mit Jesus einläßt: Der Anspruch wird gesteigert: »Geh hin, verkaufe alles, was du hast, und gib es den Armen.«

Das war zuviel verlangt, denn jener war sehr reich und — er war *jung*.

Lassen wir die Phantasie ein wenig spielen. Was wäre geschehen, wenn jener alt gewesen wäre? — Vielleicht wäre ihm der Verzicht noch viel unzumutbarer erschienen. Denn allzu oft klammern sich alte Menschen zäh, ja geizig an Hab und Gut. Und sie wissen auch mildernde Umstände dafür anzuführen: die Ungesichertheit der Existenz, die Bedrohtheit des Besitzes, die wachsende Unfähigkeit des Erwerbs, die zunehmende Vereinsamung, die Vorsorge für kostspielige Notwendigkeiten . . .

Dem gegenüber aber ließen sich doch auch kräftige Gründe anführen, gerade im Alter den Griff um die Dinge zu lockern. Denn das haben wir doch erfahren, je mehr sich die Hand darum spannte, desto rascher entglitt der Sand durch die pressenden Finger! Wie unbeständig, wie vorläufig, wie ungeschützt war das alles, was uns einst so wichtig erschien! Und wie entbehrlich war's dann, als es uns vorübergehend entrissen ward!

Sollte mit wachsender Erfahrung nicht auch die Sehnsucht gewachsen sein nach der einen kostbaren Perle, um deretwillen nach des Herren Wort — der sach-kundige Kaufmann »alles andere« dahingegeben hat? Als Vorbild wird uns dieser Kaufmann vor Augen gestellt, der nicht einiges, der nicht vieles, der alles dahingegeben hat um dieser einen kostbaren Perle willen.

Der Jüngling erfaßte es nicht — er war reich und jung. Wir aber, die nicht jung und die nicht reich sind..?

Mein Herr, mein Gott, mein Alles!
    Franz von Assisi

Das End-Gültige

*Ich bin überzeugt, daß die Bibel immer schöner wird,
je mehr man sie versteht, d. h. je mehr man einsieht
und anschaut, daß jedes Wort, das wir allgemein
auffassen und im Besonderen auf uns anwenden, nach
gewissen Umständen, nach Zeit- und Ortsverhältnissen
einen eigenen, besonderen unmittelbar individuellen
Bezug hat.* Goethe

☆

*Immer wieder muß ich lesen
In dem alten frommen Buch,
Wie der Herr so gut gewesen
Und so ohne Haß und Trug.* Luise Hensel

☆

*Ich habe von Jugend auf gern in der Bibel gelesen,
das Herz wird einem darnach so recht frisch und mutig.
Ich verstehe lange nicht alles, was ich lese, aber oft ist's
doch, als schwebte es fern vor mir, was der Evangelist
meinte; und auch da, wo ich in einen ganz dunklen Ort
hineinsehe, habe ich doch die Vorempfindung, von
einem großen herrlichen Sinn, den ich einmal verstehen werde.* Matthias Claudius

☆

*Die frommen Bücher haben kaum je meine Hände
verlassen; sie waren mir eine Erleuchtung und ein
Trost im Verlaufe eines langen, bewegten Lebens.*

Paul Claudel

☆

*Je gründlicher wir das Menschenwesen kennenlernen,
um so leichter glauben wir an die großen geoffenbarten
Wahrheiten der Religion. Ich wüßte kein Wort aus
Jesu Munde, nach dem nicht meine eigene Sehnsucht
riefe. Gott, Christus, seine Kirche sind die Antwort
auf die große Frage, die die Menschenseele heißt.*

Joseph Bernhart

»DENN ALLE LUST WILL EWIGKEIT«

*... daß kein Glück ausreicht,
um glücklich zu sein.*

Joseph Bernhart

Und wenn ein Mensch am Ende seiner Tage all seine Erfahrungen befragt und all die bei anderen geernteten Lebenseinsichten abhorcht und dann noch einmal all die hellen, frohen Stunden seines Daseins den düsteren, trüben, dunklen entgegenhält — ob dann nicht dies der Kern seiner erfahrenen Erkenntnisse ist: daß alle Güter und Genüsse dieser Welt nicht ausreichen, sein Herz zu sättigen.

Was hat man in jungen Jahren nicht alles als Erfüllung des innersten, inständigsten Verlangens erträumt! Da war die Sehnsucht nach Freiheit — und dann hatte man ziemlich viel Freiheit erlangt und es blieb doch das: »Schon gut, aber...«

Da war die Sehnsucht nach einem Leben im Wohlstand. Und dann hatte man's tatsächlich geschafft, zum Butterbrot noch den Schinken und für beide den Kühlschrank zu haben und es blieb doch das: »Na, und?«

Und da war die stürmische Sehnsucht, der der Dichter die herrlichen Zeilen gewidmet hat:

»Lieben und geliebt zu werden
ist das Herrlichste auf Erden.
Was ich möchte, was mir könnte, was mir müßte werden:
Lieben und geliebt zu werden.«

(Clemens Brentano)

Und was blieb?

> »Kann auch ein Mensch des andern auf der Erde
> Ganz, wie er möchte, sein?
> In langer Nacht bedacht ich mir's
> und mußte sagen, nein!«
>
> Eduard Mörike

Was immer das Leben bereit hält — vom Festtagsbraten bis zur Madeira-Reise, vom Totogewinn bis zur Gesundheit, vom Volkslied bis Michelangelo — nichts sei gering geschätzt, alles ist dankenswert. Doch Vergnügen und Lust, Erwerb und Erfolg, alle Geschenke des Glücks haben nicht ausgereicht, die innerste Sehnsucht zu erfüllen. Kein Irdisches stillt ein Verlangen, das nach Unendlichem sich sehnt.

Einer, der ein Dichter und ein Heiliger war, hat es so ausgesprochen, daß keiner, der sich selber kennt, widersprechen kann:

> »Alle Schönheit dieser Welt,
> kann mein Herz niemals gewinnen.
> Sondern nur —, ich weiß nicht was,
> was sich wohl noch einmal findet.
> Ward ein Mensch in seinem Willen,
> einmal nur von Gott berührt,
> Nimmer kann ihn etwas stillen,
> als der Gott, den er gespürt.«
>
> Johannes vom Kreuz

Das dauernde Vertrauen

... daß unter allen Patienten, jenseits der Lebensmitte,
d. h. jenseits der 35, nicht ein einziger ist, dessen end-
gültiges Problem nicht die religiöse Einstellung wäre.
C. G. Jung

☆

Ich schreibe mein ganzes Unglück der einen Ursache zu,
daß ich gottlos gewesen bin. Ein Mensch, der die Verbindung mit Gott abgebrochen hat, kann keinen Segen
empfangen. Alles Gerede davon, daß ein jeder seines
eigenen Glückes Schmied sei, ist Spreu. Wenn der Herr
nicht das Haus baut, so arbeiten die Bauleute umsonst,
das ist die ganze Weisheit.
August Strindberg

☆

Der Mensch kann nicht leben ohne das dauernde
Vertrauen zu etwas Unzerstörbarem.
Franz Kafka

☆

Das wahre Gebet beginnt erst in dem Augenblick,
in dem man einer Stimme lauscht.
W. H. Auden

☆

Kein irdisches Mein und Du führt so in die wahre
Heimat des Menschen als die Erkenntnis:
»Mein Hirt, o Herr, bist Du.«
Joseph Bernhart

☆

Meine persönliche Ruhe, die der Welt so viel Eindruck
macht, liegt nur in diesem Vertrauen, immer bereit zu
sein zu gehorchen. Wie ich es immer getan habe: nicht
wünschen oder bitten, länger leben zu dürfen, auch
nicht einen Tag länger, als bis der Todesengel kommen
wird, mich zu rufen und heimzuholen.
Johannes XXIII.

Halte den Tag nicht fest,
lasse die Stunden entgleiten.
Noch flammt die Sonne im West',
Vogel fliegt heimwärts zum Nest,
Halte den Tag nicht fest.
Leben heißt scheiden.

Wenn du es noch nicht weißt,
lasse vom Strom dich belehren.
Ohne zu rasten er reist,
Heimlich von Bächen gespeist,
So wie sein Auftrag ihn heißt:
Hin zu den Meeren.

Alles strömt so dahin.
Auch du sollst alles entlassen.
Was unentbehrlich dir schien,
lasse es ziehn und entfliehn.
Liegst du dann arm auf den Knien:
laß dich erfassen.   M.R.

INHALT

Unwichtige Gebrauchsanweisung	5
Wann beginnt der Abend?	6
Die Lampe des Alters	8
Das Interview	10
Entweder — oder	12
Die Glasscheibe	14
Zwei Auffassungen	15
Anhaltspunkte	17
Aber die andern!	18
Mancherlei Einsamkeit	20
Der entscheidende Test	22
Wenn man älter wird ...	24
Lebendiges Leben	26
Anhaltspunkte	28
Denn es kommen Jahre ...	29
Einst und jetzt und einst	31
Mißtraut den Schmeichlern!	33
Zwar kein Adabei — aber ...	35
Abzüglich der Tara	37
Lächeln ist das Beste	39
Zuschau'n kann i doch!	40
Es lohnt sich, alt zu werden	42
Doppelt böse oder doppelt gut?	45
Das Bleibende	47
Aber die Jugend	48
Doch des Tages Forderung bleibt!	50
Die stete Versuchung	52
Spezial-Tip: Zuhören können!	54
Die allzu vielen Wörter	56
Je älter er wurde ...	57

»Wie Kinder fromm und fröhlich sein«	59
»Wir sind gesinnt, beieinander zu stahn«	60
Der Brief/Ruth Schaumann	62
Und der Mangel wird Gewinn	63
Frag nicht nach dem Zweck der Rose	65
Von rechter Tierliebe	67
Aber die Bücher sind noch da	69
Entschwundenes ist nicht verloren	70
... und die Unendlichkeit	72
Vor allem — nach oben!	74
Vom Sinn der Krankheit	76
»Sieh, Herr, den du lieb hast, der ist krank«	78
Wehret der Schwermut!	79
Wer wagt schon ein Urteil?	81
Bergan	83
Lob der Geduld	85
Sind Wieder-Holungen möglich?	87
Im Abseits?	89
In der Zerreiß-Probe	91
Mensch bleibt Mensch	93
Denk es, o Seele!	95
Selbstliebe ist keine Liebe	97
Anhaltspunkte	99
Gibt es aussichtslose Fälle?	100
Die Reife-Prüfung	102
Was keiner bereut	104
Vom Segen des Gebetes	106
Ihr lieben Groß-Eltern!	107
Die Perle	109
Das End-Gültige	111
»Denn alle Lust will Ewigkeit«	112
Das dauernde Vertrauen	114
Halte den Tag nicht fest	115

Vom gleichen Autor:

Gäste des Daseins

Vom rechten Gebrauch der Zeit

Köstliche und kostbare Kurzkapitel über Arbeitszeit und Freizeit, Zeitnot und Erholung, Begegnung mit allerlei Menschen, über Muße und die Musen, Geselligkeit und Einsamkeit. Ein Geschenk für jeden Anlaß.

2. Aufl., 120 Seiten, illustriert, kartoniert

Liebe – das Ja zum Leben

In diesen von Welterfahrung und Menschenfreundlichkeit diktierten Kurzkapiteln läßt der bekannte und vielgelesene Autor erkennen, daß der Schlüssel zum Leben die Liebe ist. Eine köstliche Gabe für jeden, der schenkt oder sich beschenken läßt.

4. Aufl., 132 Seiten, illustriert, kartoniert

Gute Besserung!

Bewährte Rezepte für graue Stunden

Meditationen in Kurzkapiteln für Kranke, unter dem Blickwinkel der christlichen Hoffnung gesehen. Ein hübsch ausgestattetes Geschenkbändchen.

24. Aufl., 124 Seiten, illustriert, kartoniert (auch als Pappband lieferbar)

Dennoch heiter

Getreu der Shakespeare-Weisheit, daß der Heitere der Meister seiner Seele sei, bietet jedes Kapitel dieses Bändchens eine vergnüglich abgeschlossene Anekdote, die erheitern und Zuversicht geben will. Ein ideales Geschenk für Gesunde und Kranke, für Einsame und Betriebsame, das hilft, den Widrigkeiten der Welt mit einem Lächeln zu begegnen.

9. Aufl., 112 Seiten, illustriert, kartoniert

Notausgänge

Trost für trübe Stunden

Das Buch nennt Not, Elend und Leid des Menschen beim Namen, es gibt Hilfen ohne billige Vertröstungen und bietet Wegweisungen zur Bewältigung. Ein kostbares Geschenkbuch für Trostsuchende, eine Ermutigung für Tröstende.

2. Aufl., 120 Seiten, kartoniert

DON BOSCO VERLAG · MÜNCHEN